스페인어 중급 회화

Español para conversar

Español para conversar
nivel intermedio
스페인어 중급 회화

초판 1쇄 발행 2013년 7월 30일
초판 4쇄 발행 2023년 9월 15일

지은이 끌라우디아 마시아스 · 윤봉서

펴낸곳 서울대학교출판문화원
주소 08826 서울 관악구 관악로 1
도서주문 02-889-4424, 02-880-7995
홈페이지 www.snupress.com
페이스북 @snupress1947
인스타그램 @snupress
이메일 snubook@snu.ac.kr
출판등록 제15-3호

ISBN 978-89-521-3650-3 04770
978-89-521-1496-9 (세트)

스페인어 중급 회화

Español para conversar nivel intermedio

끌라우디아 마시아스 · 윤봉서 지음

서울대학교출판문화원

Español para conversar
nivel intermedio

Claudia Macías · Bong Seo Yoon

Seoul National University Press

머리말

『스페인어 중급 회화』는 2009년에 출간된 『스페인어 초급 회화』에 이어 서울대학교 서어서문학과가 기획한 두 번째 스페인어 회화 교재에 해당한다. 이 책은 스페인어 회화 실력 향상을 위한 여러 주제들과 역동적인 연습 과제들을 실제적인 아이디어와 꼭 필요한 문법 내용들과 함께 제공하고 있다. 특히 이 책에 포함된 연습 활동의 내용들은 실제로 서울대학교에서 필자들이 수년간 진행한 강의에서 쌓아온 경험을 바탕으로 고안한 것이다. 이는 학생들의 열정적인 수업 참여와 피드백, 각종 시험을 통해 드러난 강의 효과뿐 아니라 강의자들이 직접 느끼는 학생들의 스페인어 표현 능력 향상을 통해 여러 차례 검증된 내용들로 구성되어 있다.

이 책의 특징은 다음과 같다. 효율적인 학습을 위해 각 과에 필요한 관련 단어들이 그룹별로 찾아보기 쉬운 위치에 배치하였으며, 학생들이 매우 재미있는 방법으로 스페인어를 익히고 연습할 수 있도록 게임이나 놀이와 같은 연습 활동들을 고안하여 배열하였다. 특히 각 과마다 '오늘의 문장'을 정리하여 학생들이 친구들과 함께 자유롭고 즉흥적으로 이를 응용하여 대화하며, 어휘 능력을 향상시키고 자주 쓰는 속담과 관용어들을 사용하도록 했다. 또한 문학적으로 아름다울 뿐 아니라 스페인 문화를 잘 이해하도록 도와줄 열다섯 곡의 스페인어 노래 가사를 수록하였다. 학생들은 이 노래들을 통해서 청취력을 향상시킬 뿐 아니라, 스페인과 라틴아메리카의 다양한 지역과 문화에 대해 알 수 있게 될 것이다. 이 노래들은 전부 유투브 등의 인터넷 사이트에서 쉽게 찾아서 들을 수 있는 것들이다. 또한 책의 말미에는 연습 문제 답안과 가위로 잘라서 쓸 수 있는 게임 재료들을 부록으로 수록하였다.

이 책은 실제로 스페인어를 사용하는 나라들 중 가장 많은 곳에서 사용하는 보편적인 스페인어 스타일에 입각하여 집필되었다, 예를 들면 기존 교재들처럼 2인칭 복수 인칭 대명사 'vosotros'를 사용하는 대신, 대부분의 나라에서 일반적으로 더 많이 쓰이는 'ustedes'를 사용하는 식이다. 또한 책 전체를 26개의 주제로 나누어 일상 생활에서 사용하는 회화를 담으면서, 필자들은 가장 실제적이고 재미있는 방식을 일관적으로 유지하려 노력하였다.

스페인어는 전세계에서 사용되는 가장 중요한 언어 중 하나다. 한국에서 스페인어를 배우는 사람들은 계속 증가하고 있으며, 앞으로도 그러할 것이다. 이 책이 우리 학생들에게 스페인어 회화 능력과 스페인어 청취력을 향상시킬 수 있는 훌륭한 길잡이가 될 것이라 믿는다. 끝으로 출판을 위하여 물심양면으로 도와주신 서울대학교출판문화원 관계자들께 깊은 감사의 말씀을 드리고자 한다.

2018. 10.

관악산을 바라보며

끌라우디아 마시아스 · 윤봉서 씀

INTRODUCCIÓN

Español para conversar, nivel intermedio es el segundo libro de la serie que ofrece temas y dinámicas para la clase de conversación en español, con ideas prácticas y con solamente los fundamentos teóricos necesarios. Las actividades incluidas son producto de años de experiencia en el aula, por lo cual hemos comprobado el resultado en el entusiasmo de los alumnos al finalizar el curso y en el incremento de su capacidad para expresarse en español.

Entre las características de este texto están los grupos de palabras en los lugares apropiados con el vocabulario necesario, y las actividades que se proponen como juegos para que los estudiantes adquieran y practiquen su español de manera más divertida. En cada lección aparece "la frase de hoy" para que los alumnos interactúen con sus compañeros libremente ampliando su vocabulario e incorporando refranes y dichos populares en su conversación de manera libre y espontánea. Contiene también la letra de quince canciones en español para desarrollar la capacidad de audición, reconociendo variantes regionales de España y América Latina. Todas las canciones se pueden escuchar en Internet. Ofrece, además, dos anexos con las claves de respuestas de los ejercicios y material para recortar.

El tipo de español de este libro es el que se habla en la mayoría de los países hispanohablantes, prescindimos por ello del uso de la forma 'vosotros' en la segunda persona del plural, dando paso al 'ustedes' más generalizado. De esta manera, el libro ofrece veintiséis temas de la vida cotidiana en forma práctica y amena. El español es uno de los idiomas más importantes del mundo y su expansión sigue en avance permanente en Corea, por lo cual este texto se ofrece a nuestros estudiantes como un instrumento que les permitirá mejorar en su habilidad de conversación y de audición en español.

Deseamos agradecer al equipo de la editorial de nuestra universidad, SNU Press, por su apoyo para la publicación de este libro.

Seúl, octubre de 2018

ÍNDICE

Canciones

ÍNDICE por TEMAS

Lección 01

Mis compañeros de clase

TEMA I Presentación ante el grupo y dinámicas de integración

1) Me presento ante el grupo

Hola, mi nombre es ____________ y en español ____________ (no tengo nombre).
(한국 이름을 한글로 쓰시오) (스페인어 이름) (스페인어 이름 없음)

Estudio la carrera de (전공) ____________ y estoy en el ____________ año (학년).

Tengo ____________ años, en Corea (나이), y nací en ____________ (태어난 도시나 나라).

He estudiado español durante ____________ (과거에 스페인어를 공부한 시간).

Año - 학년

1º - primer año 3º - tercer año
2º - segundo año 4º - cuarto año
* Todavía no decido carrera
- 아직 전공 미결정

Edad - 나이

17 - diecisiete años 20 - veinte años
18 - dieciocho años 21 - veintiún años
19 - diecinueve años 22 - veintidós años
+ 25 - más de venticinco años - 25세 이상

Carreras - 전공

Lengua y Literatura Hispánica - 서어서문학
Lengua y Literatura Rusa - 노어노문학
Derecho - 법학
Medicina - 의학
Relaciones Internacionales - 국제관계학
Arquitectura - 건축학
Ingeniería - 공학
Economía - 경제학
Administración - 경영학
Matemáticas - 수학

2) Me presento con mis compañeros/as que no conozco

A: Hola, no te conozco. Yo soy ____________, y tú ¿cómo te llamas?

안녕? 나는 네가 누군지 몰라. 나는 ____________라고 하고, 너는 이름이 뭐니?

B: Yo me llamo ________________________________.

A: Mucho gusto de conocerte, ______________________________.

1. Yo no conocía a ____________, ni a ____________ ni a ____________.

<u>Tampoco</u> conocía a ____________, ni a ____________ ni a ____________.

3) Saludo a mis compañeros/as que <u>sí</u> conozco

A: ¡Hola, ____________! ¡Qué gusto verte de nuevo!

B: ¡Hola ____________, a mí también me da gusto verte!

A: ¿Cómo has estado?

B: Muy bien, gracias.

1. Yo ya conocía a ____________, a ____________ y a ____________.

<u>También</u> conocía a ____________, a ____________ y a ____________.

conocer 알다 ***-conocía/conocías***

PRESENTE		PASADO	PRESENTE		PASADO
(yo)	conozco	conocí	(nosotros/as)	conocemos	conocimos
tú)	conoces	conociste	(ustedes,	conocen	conocieron
(usted,	conoce	conoció	ellos/as)	conocen	conocieron
él/ella)	conoce	conoció			

* *conocimos/conocían*

4) Pregunta a varios compañeros su nombre y ¡no los olvides!

(여러 명의 친구들에게 이름을 물어보고 잊어버리지 마세요!)

○ Todos, de pie, preguntan a varios compañeros

(모두들 일어서서 여러 친구들에게 다음을 물어봅니다.)

A: Mi nombre es Ana , y ¿cuál es tu nombre?
B: Yo me llamo Raúl.
A: Mucho gusto Raúl.
B: Mucho gusto Ana.

5) El profesor/La profesora pregunta a los estudiantes y ellos responden en voz alta

¿Ya conocías a todos tus compañeros?

A: Yo ya conocía **a** ___________, pero **no** conocía **a** ___________ **ni** **a** ___________, y yo me llamo ___________.

B: Yo **no** conocía a nadie, pero ahora conozco a mi compañer**a** ___________, a mi compañer**o** ___________ y mi nombre es ___________.

6) ¡Vamos a jugar en equipos! El tema será: "los colores"

¿Conoces **el juego "El rey pide..."**? *¿Sabes* **jugarlo**?
(*conocer* ALGO) (*saber* HACER *algo*= HABILIDAD)
"El rey pide..." 게임을 아니? 그 게임을 할 줄 알아?

"El rey pide..." es un juego tradicional muy conocido. Se juega de la siguiente manera:

1. Se forman equipos de 3 o 4 compañeros. *Se presentan entre ellos diciendo sus nombres.*

   Entre todos preparan cosas de varios colores (lápices, llaves, libros, etc.)

2. Se coloca un recipiente grande en el centro (a la misma distancia de todos) para poner los objetos que el rey pide.

3. El profesor será el "rey" y pedirá algún objeto de color, diciendo: "*El rey pide algo de color rojo*" (cada vez, se cambiará el color por azul, blanco, verde, rosa, etc.).

   ∗Se puede combinar la petición entre color y forma, para mayor emoción, por ej.: *"El rey pide algo pequeño* de color *rosa*," *"El rey pide algo redondo de color azul"*.

4. El equipo que presente primero el objeto del color pedido, ganará un punto. El equipo que tenga más puntos, ¡ganará!

7) ¡Cambio de equipos! Jugaremos ahora con el tema: "Dentro del salón de clase"

¿Conoces **el juego "La campana dorada"** (*Golden Bell*)?

(*conocer* ALGO) ¿*Sabes* **jugarlo**?

(*saber* HACER *algo*= HABILIDAD)

1. Se forman nuevos equipos de 3 o 4 compañeros. *Se presentan entre ellos diciendo sus nombres.*

2. Se entregan hojas blancas y un marcador a cada equipo, para que escriban las respuestas.

3. En cada pregunta, deberá escribir un compañero diferente, cambiando de turno. Todos ayudan, pero solamente el que escribe levanta la hoja con la

respuesta.

4. El profesor señalará claramente un objeto o parte del salón de clase, diciendo: *"¿Cómo se llama esto?"*

*Se pueden llevar también otras cosas que sirvan para estudiar.

5. El equipo deberá escribir el nombre correcto y levantarlo rápidamente. El equipo que levante primero el nombre, bien escrito, ganará <u>dos</u> puntos, y los equipos que levanten después pero que también estén correctos, ganarán <u>un</u> punto. El equipo que tenga más puntos, ¡ganará!

Lección **02**

Las vacaciones pasadas

TEMA 2 Pretérito de indicativo. Verbos conocer y saber

1) Saluda a tus compañeros

¿Cómo te sientes hoy?

- Hoy me siento bien, estoy contento/a, muy feliz...
- Hoy **no** me siento bien, estoy triste... / tengo sueño...

estoy muy feliz	estoy furioso/a	estoy preocupado/a	estoy enfermo/a

estoy contento/a	estoy enojado/a	estoy triste	tengo sueño

sentir(se)			느끼다		***-me* (*se*) *sentía***
(yo)	me	siento	(nosotros/as)	nos	sentimos
(tú)	te	sientes	(ustedes)	se	sienten
(usted, él / ella)	se	siente	(ellos/as)	se	sienten

2) La frase del día

frase hecha.

1. f. Frase de uso común que expresa una sentencia a modo de proverbio.
   Ejemplo: Pienso, luego existo. Descartes
2. f. Frase en sentido figurado, con forma inalterable (변하지 않는) [que no cambia] y de uso común.
   Ejemplo: A ciegas.

FRASE HECHA	SIGNIFICADO
1. A ciegas.	Sin conocimiento, sin reflexión
Ej: ¿Alguna vez has hecho algo a ciegas?	Sin saber bien. 아무것도 모르는 상태에서
- Sí, entré a la universidad a ciegas.	Sin conocer a la persona.

O Todos, de pie, preguntan a varios compañeros

A: ¿Alguna vez has hecho algo a ciegas?
B: Sí, viajé a Europa a ciegas. / Sí, tuve una cita a ciegas.

1. Mi compañero/a ______ ____________________________ a ciegas.
2. Mi compañero/a ______ ____________________________ a ciegas.
3. Mi compañero/a ______ ____________________________ a ciegas.
4. Mi compañero/a ______ ____________________________ a ciegas.

3) Las vacaciones de mis compañeros

Las vacaciones (방학, 휴가):
Descanso temporal del trabajo o de los estudios.
En las vacaciones de invierno / de verano, trabajé... / estudié... / practiqué... / descansé... / no hice nada en especial

playas muy hermosas – 매우 아름다운 해변
museos famosos – 유명한 박물관
trabajé en una tienda – 가게에서 일했다.
di clases particulares – 개인 교습을 해주었다.
cuidé mis plantas – 화훼 작물들을 돌보았다.

visité a mi familia / a mis amigos
fui a la biblioteca todos los días
hice mucho ejercicio / hice dieta
practiqué futbol todos los días
estudié español / francés / inglés

∗**CONTINENTES**: Europa – América (América Latina) – África – Asia

Todos, de pie, preguntan a varios compañeros

(모두들 일어서서 여러 친구들에게 다음을 물어봅니다.)

1) **¿Qué lugares conociste en vacaciones?**

너는 방학 때 어떤 곳들에 대해서 알게 되었니?

* Fui a Europa y conocí España y Francia

- Fui a __________ y conocí____________________.

- No salí de Seúl y solamente____________________.

(trabajé... / estudié... / practiqué... / descansé... / no hice nada en especial)

1. Mi compañero/a ______ fue a ______ y conoció____________.
2. Mi compañero/a ______ fue a ______ y conoció____________.
3. Mi compañero/a ______ no conoció ningún lugar, pero____________.
4. Mi compañero/a ______ no conoció ningún lugar, pero____________.

2) **¿Conociste a algún amigo/a en estas vacaciones?**

이번 휴가에서 새로운 친구들을 알게 되었니?

- Sí, conocí a un/a nuevo amigo/a en ____________________.

1. __________ conoció a un nuevo amigo/a, cuando fue a __________.
2. __________ conoció a un nuevo amigo/a, cuando fue a __________.
3. __________ conoció a un nuevo amigo/a, cuando fue a __________.

4) ¿Saber o conocer?

	saber		알다		*-sabía*
PRESENTE		PASADO	PRESENTE		PASADO
(yo)	sé	supe/sabía	(nosotros/as)	sabemos	supimos/sabíamos
(tú)	sabes	supiste/sabías	(ustedes, ellos/as)	saben	supieron/sabían
(él/ella)	sabe	supo/sabía			

conocer *conozco - conocía*

- Conocer algo o a alguien significa que hemos tenido alguna **experiencia** con la persona o de la cosa conocida.
- Se puede *conocer* un lugar, a una persona.
- Se usa la preposición **a** cuando es una **persona**: *Conozco una buena librería por aquí. ¿Conoces **a** mi primo? Es muy simpático. No, no lo conocía.*
- En general, usamos **conocer** cuando nos referimos **a personas**, **cosas** y **lugares**.

saber *sé - sabía*

- Se utiliza para hablar de **habilidades** aprendidas, como nadar, dibujar, hablar un idioma.
- También se usa para hablar del conocimiento que se tiene o no se tiene de una **información**: *¿Sabes hablar español? ¿Sabes que habrá examen? No, no lo sabía.*
- En general, usamos **saber** cuando nos referimos a **datos** e **informaciones** o para hablar de **habilidades**.

Todos, de pie, preguntan a varios compañeros
(모두들 일어서서 여러 친구들에게 다음을 물어봅니다.)

1) A: ¿Cuántos idiomas sabes hablar?
B: Yo sé hablar 3 idiomas: inglés, español y coreano

1. Mi compañero/a ______ sabe hablar en ______, ________ y ______________.
2. Mi compañero/a ______ sabe hablar en ______, ________ y ______________.
3. Mi compañero/a ______ sabe hablar en ______, ________ y ______________.

2) **A: ¿Qué sabes cocinar?**

B: Yo sé cocinar (preparar) ramen / huevos fritos / bulgogui / sopa de kimchi...

1. Mi compañero/a ________ sabe cocinar __________ y __________________.
2. Mi compañero/a ________ sabe cocinar __________ y __________________.
3. Mi compañero/a ________ sabe cocinar __________ y __________________.

3) **A: ¿Qué música latinoamericana o hispana conoces?**

B: Yo conozco la música de Shakira y la música de...

1. Mi compañero/a ________ conoce a __________ y a __________________.
2. Mi compañero/a ________ conoce a __________ y a __________________.
3. Mi compañero/a ________ conoce a __________ y a __________________.

5) Escribe el verbo *conocer* o *saber* en tiempo presente

* Ver las respuestas en el anexo (p.193)

1. (yo) ____________ la Isla Jeju y otras islas de Corea.
2. (nosotros) ____________ Madrid y Salamanca.
3. (ellas) ____________ bailar muy bien salsa y merengue.
4. (tú) ____________ hablar (en) español, coreano e inglés, ¿verdad?
5. (usted) ¿ ____________ a la profesora Claudia?
6. (él) No ____________ conducir (운전하다), es demasiado joven.
7. (ustedes) ¿ ____________ algún buen restaurante mexicano?
8. (ellos) ____________ cantar, bailar y también estudian muy bien.
9. (nosotros) ____________ al profesor, es muy amable.
10. (yo) No ____________ nadar, ni ____________ jugar béisbol.
11. Los mexicanos ____________ comer mucho chile (고추).
12. (tú) ¿La ____________ ?, es muy hermosa. Preséntamela, ¿si?

13. (tú) ¿Lo ____________ ?, es muy guapo. Preséntamelo, ¿si?

14. (ella) No ____________ Colombia, pero sí ____________ hablar español.

15. (nosotros) ¡ ____________ cantar muy bien!

6) Leer juntos el siguiente cuadro y completar el ejercicio

conocer ALGO	/	**conocer A ALGUIEN**
(LUGAR o COSA)		(A alguna PERSONA)
conozco México		conozco a Luis
conozco el camino		conozco a tu prima

1. (yo) Conozco ____.
2. (tú) ¿Conoces ____?
3. (él) No conoce ____.
4. (nosotros) Conocemos ____.
5. (ellos) Conocen ____.
6. (yo) Sé ____.
7. (tú) ¿Sabes ____?
8. (ella) No sabe ____.
9. (ustedes) ¿Saben ____?
10. (ellas) Saben ____.

Lección
03

Mis pasatiempos favoritos

TEMA 3 Acción durativa del gerundio. Pretérito imperfecto de indicativo

1) Saluda a tus compañeros

¿Cómo te sientes hoy?

- Hoy me siento bien, estoy contento/a, muy feliz...
- Hoy **no** me siento bien, estoy triste... / tengo sueño...

estoy muy feliz	estoy furioso/a	estoy preocupado/a	estoy enfermo/a

estoy contento/a	estoy enojado/a	estoy triste	tengo sueño

2) La frase del día

FRASE HECHA	SIGNIFICADO
2. Echar el ojo a...	
Ej: ¿Le has echado el ojo a algo o a alguien?	Mostrar deseo de algo o de alguien.
- Les eché el ojo a unos tenis que me gustaron mucho, y los voy a comprar cuando tenga dinero.	구매할, 또는 사람을 사귀어볼 욕심을 갖고 쳐다보다.

EJEMPLO 1 *Echar el ojo a alguien*

Amiga 1: Mmm... Ese muchacho es muy guapo, muy inteligente, trabajador y soltero... ¿tendrá novia?

Amiga 2: Creo que ya **le echaste el ojo a** ese muchacho. Cuando lo vemos, siempre me dices lo mismo...

EJEMPLO 2 *Echar el ojo a algo*

Amigo 1: Quisiera comprar un coche deportivo.

Amigo 2: ¿Y ya **le echaste el ojo a** algún modelo en especial?

Todos, de pie, preguntan a varios compañeros

A: ¿Le has echado el ojo a algo o a alguien?

B: Sí, le eché el ojo a una computadora super moderna.

Sí, le eché el ojo a ______________________.

1. Mi compañero/a ______________ le echó el ojo a ______________________.
2. Mi compañero/a ______________ le echó el ojo a ______________________.

3) Mis pasatiempos de antes

* *Leer juntos en voz alta y completar el ejercicio*

pasatiempo. 1. m. Diversión y entretenimiento en que se pasa el rato.

PRETÉRITO IMPERFECTO

verbos irregulares	verbos regulares		
IR - iba	*...AR - ...aba*	*...ER - ...ía*	*...IR - ...ía*
SER - era	PINTAR - pintaba	COMER - comía	DORMIR - dormía

Antes, cuando yo estaba en la secundaria, → **...aba / ...ía**

Practicaba taekwondo / natación   **Iba** al cine todos los sábados

* Ver las respuestas en el anexo (p.193)

1. (TOCAR) ____________(el) piano / (la) guitarra.
2. (SALIR) ____________a pasear con mis amigos
3. (IR) ____________ a jugar (al) fútbol / (al) tenis.
4. (ODIAR) ____________ir de compras con mi mamá.
5. (IR) ____________ al cine todos los domingos.
6. (SUBIR)____________ a la montaña.
7. (ESCUCHAR) ____________ música todo el día.
8. Me (GUSTAR) ____________ ver (la) televisión.
9. (COMER) ____________ muchos chocolates.
10. (LEER) ____________ libros de caricaturas.

la primaria - 초등학교   la secundaria - 중학교
el bachillerato (la preparatoria) - 고등학교

○ Todos, de pie, preguntan a varios compañeros

¿Cuál era tu pasatiempo favorito cuando estabas en la secundaria (중학교)?

- Antes, **jugaba** básquetbol con mis amigos, y **leía** libros de caricaturas (만화).
- Antes, (yo) ________________________ y ____________________.

1. Mi compañero/a ____.
2. Mi compañero/a ____.
3. Mi compañero/a ____.
4. Mi compañero/a ____.
5. Mi compañero/a ____.

4) Mis pasatiempos de ahora

∗ *Leer juntos en voz alta y completar el ejercicio*

gerundio.

1. m. *Gram.* Forma invariable no personal del verbo, cuya terminación regular, en español, es *-ando* en los verbos de la primera conjugación, *-iendo* o *-yendo* en los de la segunda y tercera. *Cantando. Cayendo. Partiendo.*

→ Significa acción o estado durativos (진행 상황) *Estoy estudiando.* *(s.v. DRAE)*

Ahora estoy ...ando /...endo = → (Yo) juego, practico, hago...

FORMA[1]: Ahora, (ESTAR+IR) estoy yendo al cine en mis ratos libres.

FORMA[2]: En estos días, (IR) voy al cine en mis ratos libres.

FORMA[1]

1. (ESTAR+JUGAR) ______________________ tenis/fútbol.
2. (ESTAR+HACER) ______________________ ejercicio.
3. (ESTAR+IR) ______________________ a un club de salsa.
4. (ESTAR+LEER) ______________________ novelas.
5. (ESTAR+APRENDER) ______________________ a conducir.

FORMA[2]

6. (LEER) ______________________ el periódico todos los días.
7. (ESCUCHAR) ______________________ música en español.
8. (DORMIR) ______________________ mucho en el día.
9. (PREPARAR) ______________________ mi comida.
10. (VISITAR) ______________________ museos de arte.

∗ Ver las respuestas en el anexo (p.193)

o Todos, de pie, preguntan a varios compañeros

¿Cuál es tu pasatiempo favorito en tus ratos libres, hoy en día?

* Ahora, estoy practicando futbol (=fútbol) en mis ratos libres.

- Ahora, estoy ______________________ en mis ratos libres.

1. Mi compañero/a ____.
2. Mi compañero/a ____.
3. Mi compañero/a ____.
4. Mi compañero/a ____.

5) Responde adecuadamente y compara tus respuestas con tus compañeros

¿Qué (no) te gustaba hacer a ti cuando estabas en la secundaria?
¿Qué (no) te gusta hacer con tus amigos en tus tiempos libres?

1. A mí me gustaba ____.
2. A mí me gusta ____.
3. A mí no me gustaba ____.
4. A mí no me gusta ____.
5. A mis amigos y a mí nos gustaba ________________________________.
6. A mis amigos y a mí nos gusta ________________________________.
7. A mis amigos y a mí no nos gustaba ____________________________.
8. A mis amigos y a mí no nos gusta ____________________________.

bailar en la discoteca	hacer Internet	nadar en el mar
ir al museo	ir de compras	salir con mis amigos
jugar(al) tenis	comer en restaurantes	ver (la) televisión
escuchar música clásica	leer novelas	¿?

Lección **04**

Música y cantantes

TEMA 4 Tema cultural: música. Audición de ritmos latinoamericanos

1) Saludo a mis compañeros

¿Cómo te sientes hoy?

- Hoy me siento bien, estoy contento/a, muy feliz...
- Hoy **no** me siento bien, estoy triste... / tengo sueño...

tener sueño – 졸리다, 잠이 오다	estar cansado – 피곤하다
tener sed – 목이 마르다	estar estresado – 스트레스를 받다
tener prisa – 서두르다	estar avergonzado – 부끄러워하다
tener miedo – 겁을 먹다	estar preocupado – 걱정을 하다
tener gripe – 감기에 걸리다	estar aburrido – 지루하다
tener tos – 기침을 하다	tener catarro – 코감기에 걸리다
tener hambre – 배가 고프다	estar (muy) bien / mal

TENER + SUSTANTIVO ~을 가지다
ESTAR + ADJETIVO ~상태이다
ESTAR + ADVERBIO ~상태이다

2) La frase del día

FRASE HECHA	SIGNIFICADO
3. Echar una mano. Ej: ¿Alguna vez le has echado una mano a alguien? - Una vez le eché una mano a mi hermano para hacer su tarea.	Ayudar a hacer algo. Ayudar a alguien. 도와주다.

Recuerda: "Echar *el* ojo" / "Echar *una* mano"

o Todos, de pie, preguntan a varios compañeros

> **A: ¿Alguna vez le has echado una mano a alguien?**
> B: Sí, le eché una mano a mi hermano con su tarea.

1. Mi compañero/a ____________ le echó una mano a ____________________.
2. Mi compañero/a ____________ le echó una mano a ____________________.

3) Marca en los cuadros de SÍ o NO con un (O) los tipos de música que (no) conozcas

* Primero, escribe solamente en estas dos columnas

	en coreano	SÍ	NO	pero mi compañero/a, SÍ
EJEMPLO: las baladas		○		
las baladas				
la música andina				
la música clásica				
la música electrónica				
la música latina				
la música folclórica				
la música flamenca				

la música rapera				
la música instrumental				
la música *a* capela				
la música *a* dúo				
la música *de* cumbia				
la música *de* samba				
la música *de* rock latino				
la música *de* salsa				
la música *de* tango				
la música *de* merengue				
la (*música de la*) nueva trova				
EJEMPLO: *la* nueva trova	누에바 뜨로바		○	Juan

* De *tarea*, los estudiantes escriben en coreano el nombre de los tipos de música que no conocían

4) Pregunta a tus compañeros los tipos de música que tú NO conozcas y escribe sus nombres en la última columna

Ana: Juan, ¿Conoces ***la* nueva trova**?

Juan: Sí la conozco.

Ana: Gracias, Juan.

Juan: De nada. ¿Y tú conoces la **música andina**?

* *El profesor pregunta a los estudiantes*

¿Qué tipo de música no conoces?

EJEMPLO: Yo no conozco la nueva trova, pero mi compañero Juan sí la conoce.

5) Pregunta a tus compañeros y escribe dentro de los cuadros

¿Qué tipo de música prefieres?, ¿cuándo te gusta escucharla?

COMPAÑERO/A	TIPO DE MÚSICA	LA ESCUCHA...
EJEMPLO: Juan	nueva trova	haciendo ejercicio
1.		
2.		
3.		
4.		

- A Juan le gusta *la* nueva trova, y la escucha haciendo ejercicio

cuando estudio/estudia	cuando estoy/está estudiando, comiendo, descansando	
mientras duermo/duerme	mientras me baño/se baña	en las fiestas
haciendo ejercicio	haciendo la tarea	en la discoteca

6) Pregunta a otros compañeros

¿Conoces a algunos *intérpretes de moda en la música latina?**

*(자기 스타일로 노래 부르는 가수)

COMPAÑERO/A	INTÉRPRETE
Ana	Shakira
1.	
2.	

3.	
4.	

Ana: Conozco **a** Shakira.

- Ana conoce a Shakira.

7) Vamos a escuchar un popurrí (popurrí: fragmentos de temas musicales diversos)

*El profesor con ayuda de los estudiantes pueden preparar un popurrí con la música que hay en Internet

EJEMPLO para preparar el POPURRÍ:

1. La balada: es una canción de ritmo lento y de asunto generalmente amoroso.
   - Shakira y Alejandro Fernández cantan baladas, hay varias en nuestro libro.

2. La música a dúo: es cualquier tipo de música cantada entre dos personas, al mismo tiempo.
   - La balada a dúo "Entra en mi vida" del grupo Sin Bandera, es un buen ejemplo.

3. La música a capela: es la que se ejecuta sin acompañamiento de instrumentos.

4. La música instrumental: es la que se ejecuta solamente con instrumentos, sin letra.
   - En Internet se pueden encontrar ejemplos de estos dos tipos de música.

5. La música folclórica: es de carácter tradicional y popular de una región o de un país.
   - "La Bamba" es un buen ejemplo de música folclórica mexicana, así como "Arirang" es la canción folclórica más representativa de Corea.

6. La música andina: es también música folclórica de la región de Los Andes.
    - "El cóndor pasa" es una canción folclórica de la región de Los Andes.

7. La música de cumbia: La cumbia tiene su origen en Colombia, en los ritmos africanos traídos por los esclavos. Desde Colombia se ha extendido por toda América Latina, la cumbia mexicana, la cumbia panameña, la cumbia peruana, la cumbia argentina y otras.
    - "Mayonesa" es un buen ejemplo de cumbia uruguaya.

8. La música de salsa: La salsa tiene su origen en Cuba. La palabra salsa significa una mezcla y viene de la salsa que se prepara para comer, combinando chile, tomate, sal, ajo, cebolla... La salsa para bailar es la combinación de los ritmos de chachachá, mambo, guaracha, etc.
    - "La vida es un carnaval", cantada por la cubana Celia Cruz, que era la "Reina de la salsa".

9. La música de merengue: El merengue tiene su origen en la República Dominicana, en las Antillas del Caribe. La música de merengue viene de los antiguos bailes africanos de los esclavos.
    - "Ojalá que llueva café", del dominicano Juan Luis Guerra, uno de los compositores más famosos de este tipo de música, es un merengue clásico.

10. La música de samba: Una de sus derivaciones es la samba batucada. El origen de esta música está en las culturas africanas, especialmente por los tambores para festividades religiosas y populares.
    - En Internet se pueden encontrar buenos ejemplos de esta alegre música de samba batucada.

11. La música de la nueva trova: La nueva trova es un tipo de música cubana muy importante en su cultura.
    - Conviene escuchar "La maza" de Silvio Rodríguez, uno de los más famosos de la nueva trova cubana, cantada por la argentina Mercedes Sosa, a quien llamaban "La Voz de América".

La nueva trova

- 1976년에 레코딩 경력을 시작한 Silvio Rodriguez(실비오 로드리게즈)의 음악은 쿠바의 민속 음악에 바탕을 둔 누에바 뜨로바의 전형이라고 할 만하다.
- Silvio Rodriguez의 음악을 '누에바 뜨로바(Nueva Trova)'라고 부른다. '누에바'란 '새롭다'는 뜻의 형용사이고 '뜨로바'는 '음유시인'이라는 뜻의 명사인 'trovadore'의 축약어이니, 직역한다면 '신 음유가요' 정도쯤 될 것이다.
- 그는 감미로운 미성과 서정적인 가사 그리고 아름다운 멜로디의 음악으로 누에바뜨로바의 선두 주자이며, 수많은 아티스트에게 영향을 끼친 쿠바의 음악 거장이다.
- 19세기 쿠바의 '포크' 음악이던 뜨로바를 혁명 이후 새롭게 발굴해서 만들어낸 음악, 누에바 뜨로바.
- Mercedes Sosa es la más grande cantante de Argentina de música folclórica. También cantó en contra de la dictadura (독재).

Todos, de pie, preguntan a varios compañeros

Del popurrí de música que escuchamos, ¿cuál te gustó más?

1. A ____________ le gustó más la música ____________________.
2. A ____________ le gustó más la música ____________________.
3. A ____________ le gustó más la música ____________________.
4. A ____________ le gustó más la música ____________________.
5. A ____________ le gustó más la música ____________________.

Lección 05

Moda y costumbres

TEMA 5 Expresión oral. Tiempo presente de indicativo y de subjuntivo

1) Saludo a mis compañeros

¿Cómo te sientes hoy?

- Hoy me siento bien, estoy contento/a, muy feliz...
- Hoy **no** me siento bien, estoy triste... / tengo sueño...

tener sueño – 졸리다,잠이 오다
tener sed – 목이 마르디
tener prisa – 서두르다
tener miedo – 겁을 먹다
tener gripe – 감기에 걸리다
tener tos – 기침을 하다
tener catarro – 코감기에 걸리다

tener hambre – 배가 고프다
estar cansado – 피곤하다
estar estresado – 스트레스를 받다
estar avergonzado – 부끄러워하다
estar preocupado – 걱정을 하다
estar aburrido – 지루하다
estar nervioso – 불안해 하다, 신경이 날카롭다

2) La frase del día

FRASE HECHA	SIGNIFICADO
4. Estar de moda. Estar a la moda. Ej: ¿Te gusta estar a la moda? - Sí, siempre estoy a la moda.	Uso o costumbre durante algún tiempo, en especial para ropa y adornos. 유행이다.

Moda (Del francés *mode*).

1. f. Uso, modo o costumbre que se usa mucho durante algún tiempo, o en determinado país, con especialidad en los trajes, telas y adornos.
   * **estar a la moda**: Seguir la moda o adoptar los usos y costumbres del país o pueblo donde se reside
   * **pasar algo de moda**: Perder actualidad o vigencia.

la moda actual / la moda japonesa / la moda europea

el peinado afro

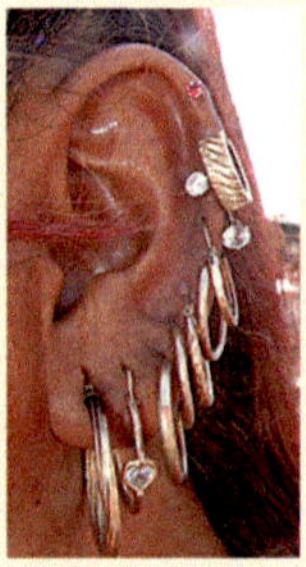

muchos aretes en la oreja

3) Primero escribe tu opinión y luego pregunta a tus compañeros

1) ¿Te gusta estar a la moda? ¿Por qué?

→ A mí SÍ / NO me gusta estar a la moda, porque ____________________.

(no) es cómodo	(no) *me/le* gusta ser moderno/a	es importante en la sociedad
(no) *me/le* gusta	(no) *tengo/tiene* mucho dinero	es bueno para tener amigos/as
(no) es aburrido	*me/le* gusta estar igual que todos	*tengo/tiene mi/su* propio estilo

1. A ____________ SÍ / NO le gusta estar a la moda, porque ______________.
2. A ____________ SÍ / NO le gusta estar a la moda, porque ______________.
3. A ____________ SÍ / NO le gusta estar a la moda, porque ______________.

2) ¿Qué pasa si alguien no está a la moda?

→ Si alguien no está a la moda ______________________.

no pasa nada	parece más original	parece anticuado
no tiene amigos	parece más independiente	todos lo miran al pasar
no tiene dinero	parece muy simple	todos lo admiran

1. ____________ dice que si alguien no está a la moda ______________________.
2. ____________ dice que si alguien no está a la moda ______________________.
3. ____________ dice que si alguien no está a la moda ______________________.

3) ¿Crees que todo lo que está de moda sea bueno?

( ) Yo sí creo que todo lo que está de moda ES bueno.

( ) Yo no creo que todo lo que está de moda SEA bueno.

*Cuando es afirmativa la respuesta, 'sí', le corresponde '*es*', *presente de indicativo*

1. ____________ sí cree que todo lo que está de moda *ES* bueno.
2. ____________ sí cree que todo lo que está de moda *ES* bueno.
3. ____________ sí cree que todo lo que está de moda *ES* bueno.

*Cuando es negativa la respuesta, '*no*', le corresponde '*sea*', *presente de subjuntivo*

1. ____________ *no* cree que todo lo que está de moda *SEA* bueno.
2. ____________ *no* cree que todo lo que está de moda *SEA* bueno.
3. ____________ *no* cree que todo lo que está de moda *SEA* bueno.

4) ¿Cuáles son las opciones correctas? Escribe bien (B) o mal (M)

~~ropas~~ → **ropa** ~~accesorio~~ → **accesorios** (악세사리)

1. compró **ropa y accesorios** necesarios ( )
2. compró **la ropa y accesorios** necesarios ( )
3. compró **los accesorios y ropa** necesarios ( )
4. compró **la ropa y los accesorios** necesarios ( )

＊ Se recomienda usar en singular: ropa, dinero, basura y comida

5) Escribe primero tu respuesta y luego pregunta a tus compañeros

1) ¿Hay alguna moda que te parezca extraña (이상한)**?**

- A mí me parece extraño que los jóvenes <u>usen</u> pantalones acampanados (나팔바지).
- A mí me parece extraño que las chicas <u>se pongan</u> ropa de hombre.
- A mí me parece extraño que la gente <u>use</u> / <u>se ponga</u> ____________________.

＊ Presente de subjuntivo: *se use / use / usen / se ponga / se pongan*

1. A ______ le parece extraño que las personas usen ____________________.
2. A ______ le parece extraño que las personas usen ____________________.
3. A ______ le parece extraño que las personas usen ____________________.
4. A ______ le parece extraño que las personas usen ____________________.

peinado afro / pelo de colores / pelo demasiado corto // pantalones amplios / pantalones acampanados / pantalones rotos // faldas largas / minifaldas / ropa rota / ropa de muchos colores // lentes oscuros a toda hora / muchos accesorios // muchos aretes en la oreja / zapatos y tenis de colores brillantes // etc.

2) **¿Sabes de algo que haya pasado de moda?**

- Ya pasó de moda *el / la*... - Ya pasaron de moda *los / las*...

la música rock / los pantalones amplios / las camisas grandes / el peinado afro / los accesorios fosforescentes (형광빛의 악세사리) / etcétera..

1. __________ dice que ______________________ ya ____________ de moda.
2. __________ dice que ______________________ ya ____________ de moda.
3. __________ dice que ______________________ ya ____________ de moda.

6) Primero escoge tu opción (más / menos) y luego pregunta a los demás

→1. A mí me gustaría que la moda fuera *más / menos* **atrevida** (대담한), **¿y a ti?**
- A mí también. / - A mí no, a mí me gustaría que fuera *más / menos* **atrevida**.

* A mí me gustaría que la moda fuera *más / menos* **atrevida**, y a __________, a ____________ y a ____________, también.

→2. A mí me gustaría que la moda fuera *más / menos* **efímera** (단기간만 유행하는), **¿y a ti?** - A mí también. / - A mí no, a mí me gustaría que fuera *más / menos* **efímera**

* A mí me gustaría que la moda fuera *más / menos* **efímera**, y a __________, a ____________ y a ____________, también.

→3. A mí me gustaría que la moda fuera *más / menos* **costosa** (값비싼), ¿y a ti?
- A mí también. / - A mí no, a mí me gustaría que fuera *más / menos* **costosa**.

∗ A mí me gustaría que la moda fuera *más / menos* **costosa**, y a _________, a ___________ y a ___________, también.

7) En equipo, piensa alguna idea para una nueva moda ¡que sea muy original!, y acompáñala con un dibujo o fotografía para mostrarla frente al grupo

EJEMPLO: Si nosotros pudiéramos, inventaríamos la moda de venir a la escuela en pijama (piyama).

- Si nosotros pudiéramos, **inventaríamos** la moda de:

____

____

____

Lección

06

Vestuario casual y formal

TEMA 6 Vocabulario de guardarropa para dama, caballero y unisex

1) Saludo a mis compañeros

¿Cómo te sientes hoy?

- Hoy me siento bien, estoy contento/a, muy feliz...
- Hoy **no** me siento bien, estoy triste... / tengo sueño...

tener sueño	tener hambre	tener sed	estar cansado
estar estresado	tener prisa	tener miedo	tener catarro
estar avergonzado	estar preocupado	tener gripe	tener tos
tener mucho trabajo	estar nervioso	estar aburrido	

2) La frase del día

FRASE HECHA	SIGNIFICADO
5. Costar un ojo de la cara. Ej: ¿Has comprado algo que te haya costado un ojo de la cara? - Compré un celular que me costó un ojo de la cara.	Cuando el precio (가격) de algo es demasiado caro. 지나치게 비싼 가격을 치루다.

○ Todos, de pie, preguntan a varios compañeros

A: ¿Te has comprado algo que te haya costado un ojo de la cara?
B: Sí, me compré un/una, unos/unas... que me costó/costaron un ojo de la cara.

1. ______ se compró ____________ que le costó/costaron un ojo de la cara.
2. ______ se compró ____________ que le costó/costaron un ojo de la cara.
3. ______ se compró ____________ que le costó/costaron un ojo de la cara.

3) Ropa para el frío. Leer el vocabulario y tomar fotos de la ropa de los alumnos

tres chamarras

un abrigo

unos guantes

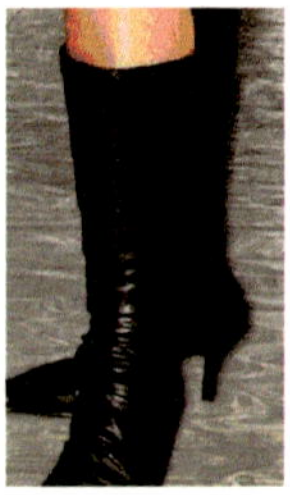
unas botas

un chaleco - 조끼	una chaqueta - 자켓	una bufanda - 목도리	calcetines gruesos
pantalones largos	blusa de cuello alto	ropa interior de lana	mallones - 레깅스바지
suéter (tejido)	una chamarra - 잠바	un gorro	

blusa / camisa de manga larga - 긴팔 블라우스/긴팔 셔츠

4) Ropa para el calor. Leer el vocabulario y tomar fotos de la ropa de los alumnos

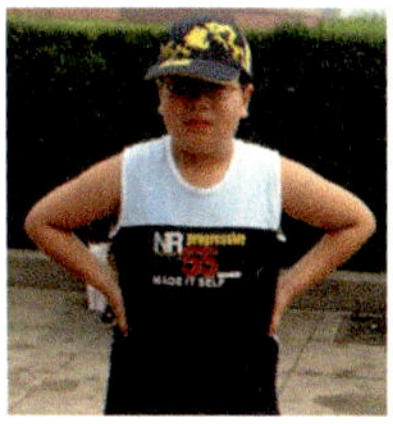

una gorra y una camiseta sin mangas

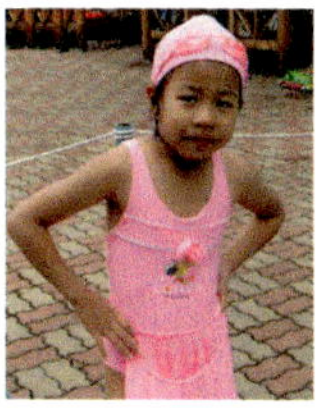

un traje de baño

unos pantalones cortos y unas sandalias

una falda - 치마	una blusa - 블라우스	una gorra - 모자
una camisa - 셔츠(남성복)	unos zapatos - 신발	unos tenis - 운동화
unos aretes - 귀걸이	una pulsera - 팔찌	un collar - 목걸이
una bolsa - 가방	una camiseta - T 셔츠	sin manga / de manga corta

* *Pregunta a tus compañeros*

¿Cuándo fue la última vez que compraste ropa o accesorios y qué compraste?

- Compré **unos** zapatos hace dos semanas.

1. ____________ compró ____________________ ____________________.
2. ____________ compró ____________________ ____________________.
3. ____________ compró ____________________ ____________________.

hace un mes	hace dos meses	hace mucho
la semana pasada	el mes pasado	

5) Preparar una serie de imágenes para presentarlas a los alumnos, de ropa para dama, para caballero y unisex

* Ver lista con vocabulario sugerido en el anexo (p. 193)

EJEMPLO:

suéter

chamarra

pantalón bermudas

traje sastre

* *Escribe el nombre de 4 prendas para dama, 4 para caballero y 4 unisex, que* ***no*** *conocías antes*

DAMA	CABALLERO	UNISEX

guardarropa - prendas de vestir

Conjunto de **prendas** de vestir de una persona.

* Para comprar ropa se usan tres conceptos: prendas para dama, prendas para caballero y prendas unisex. 옷을 구매할 때의 세 가지의 개념: 숙녀복, 신사복, 유니섹스

* *Primero escribe tus respuestas y luego pregunta a tus compañeros*

1) ¿Qué prendas no hay en tu guardarropa? (3 prendas)

- Yo no tengo ____________, ni ____________, ni ____________.

1. ____________ no tiene ____________, ni ____________, ni ____________.

2. ____________ no tiene ____________, ni ____________, ni ____________.

3. ____________ no tiene ____________, ni ____________, ni ____________.

2) ¿Qué prendas te gustaría comprar si tuvieras mucho dinero?

- Si tuviera mucho dinero (a mí) me gustaría comprar**me** un/a __________.

1. A ____________ le gustaría comprarse un/a ____________________.
2. A ____________ le gustaría comprarse un/a ____________________.
3. A ____________ le gustaría comprarse un/a ____________________.

3) ¿Qué prendas son indispensables (필수품) **para los jóvenes?**

- Pienso que los jóvenes deben tener ____________ y ____________.

1. __________ piensa que los jóvenes deben tener __________ y __________.
2. __________ piensa que los jóvenes deben tener __________ y __________.
3. __________ piensa que los jóvenes deben tener __________ y __________.

6) En equipo, organizar un "Desfile de modas". Describir las prendas mientras caminan sus compañeros por el centro del salón

* En el anexo está la hoja del desfile, para recortar (p. 201)

* TEMAS a escoger: A. Desfile de primavera y verano
B. Desfile de otoño e invierno
C. Colección especial de Ana Kim

D. Desfile de guardarropa deportivo

* Un compañero será el locutor que presentará la ropa de sus compañeros

"Desfile de modas" del diseñador: ____________

EJEMPLO para el LOCUTOR:
En primer lugar, tenemos este modelo de pantalón corto con blusa azul de manga corta, con zapatos negros y accesorios de moda.

LOCUTOR: Muy buenos días. Les presentamos la colección de ropa (해설자) para otoño e invierno, del famoso diseñador Andrea Kim.

En primer lugar, tenemos este modelo ______________________________

____

Enseguida, les presentamos otro modelo ______________________________

____

Llega ahora este modelo ______________________________

____

Para cerrar esta colección, les ofrecemos este modelo ______________________________

____

LOCUTOR: Muchas gracias por su atención y los modelos están disponibles en Internet, y mediante el pago con su tarjeta de crédito, se lo enviaremos directamente hasta su domicilio. ¡Muy buenos días y gracias nuevamente!

Para describir la ropa: lleva...

pantalón	camisa	blusa	zapatos	otros	accesorios
largo corto vaquero bermudas recto de deporte de pitillo	a cuadros a rayas de colores de manga larga de manga corta	floreada de colores abierta cerrada a cuadros a rayas sin mangas	tenis sandalias de tacón mocasines de charol botas botines	falda chaqueta chaleco saco sudadera suéter	aretes (pendientes) collar pulsera anillos cinturón bufanda bolso de mano

Lección
07

Leyendas y cuentos de mi niñez

TEMA 7 Expresión oral de relatos tradicionales

1) Saludo a mis compañeros

¿Cómo te sientes hoy?

- Hoy me siento bien, estoy contento/a, muy feliz...
- Hoy **no** me siento bien, estoy triste... / tengo sueño...

tener sueño	tener hambre	tener sed	estar cansado
estar estresado	tener prisa	tener miedo	tener catarro
estar avergonzado	estar preocupado	tener gripe	tener tos
tener mucho trabajo	estar nervioso	estar aburrido	

2) La frase del día

FRASE HECHA	SIGNIFICADO
6. A lo loco. Ej: ¿Alguna vez has hecho algo a lo loco? - Una vez compré por Internet a lo loco.	Sin conciencia, sin pensar, en exceso (지나치게 많이). 무의식적으로, 아무 생각없이, 지나치게 많이

A: ¿Alguna vez has hecho algo a lo loco?

B: Sí, muchas veces *he comprado* por Internet a lo loco. ¿Y tú, has hecho algo a lo loco?

A: Sí, una vez comí tacos a lo loco y *bebí* cerveza a lo loco, hasta que no pude más.

* *Se usa el pretérito perfecto de indicativo* (he comprado) *cuando se ha hecho más de una vez.*
* *Se usa el pretérito simple de indicativo* (comí, bebí) *cuando la acción ocurrió solo una vez.*

1. ___________ una vez ___________ a lo loco.
2. ___________ muchas veces ha ___________ a lo loco.

3) Mitos, leyendas y cuentos

mito. - 신화
Narración maravillosa con dioses o héroes. Con frecuencia interpreta el origen del mundo o grandes acontecimientos de la humanidad.
Mitos griegos, mitos hindúes, mitos aztecas...

leyenda. - 전설
Narración que combina lo tradicional y maravilloso con lo histórico.
Leyenda del talón de Aquiles, Leyenda de la Llorona...

cuento. - 짧은 글, 단편소설, 수필
Narración breve de ficción, por lo general con una enseñanza.
Caperucita roja, Pinocho..

* *Primero responde individualmente y luego pregunta a tus compañeros las narraciones que no conozcas*

¿Conoces las siguientes narraciones?
¿sabes qué son?, ¿mitos, leyendas o cuentos?

sí / no **la conozco** **sé que es** *un mito / una leyenda / un cuento*

1. (   ) Blanca Nieves y los 7 enanos ______________________.
2. (   ) Kongchi y su hermanastra Patchi ______________________.
3. (   ) Pinocho (피노키오) ______________________.
4. (   ) Kyonu y Chikño, novios por siempre ______________________.
5. (   ) Peter Pan ______________________.
6. (   ) Sim-Chong, la buena hija ______________________.
7. (   ) Dan-gun, la fundación de Corea ______________________.
8. (   ) La Cenicienta (신데렐라) ______________________.
9. (   ) La espada del Rey Arturo (아더왕의 칼) ______________________.
10. (   ) Jungbu y Nolbu, la historia de dos hermanos ______________________.
11. (   ) Las flechas de amor de Cupido ______________________.
12. (   ) *Kumdoki-undoki*, el hacha de oro y el hacha de plata ______________________.
13. (   ) La sirenita (인어공주) ______________________.
14. (   ) Aladino y la lámpara maravillosa (알라딘과 마술램프) ______________________.
15. (   ) Yanjua y Jong-Ñion, las hermanas tristes. ______________________.

* *El profesor ayuda a identificar todos los cuentos. Comparar con las respuestas que están al final, en el anexo* (p. 194)

4) El profesor divide al grupo en equipos de 3 o 4 personas para la siguiente actividad

1) Con tu equipo, escoger un cuento, leyenda o mito (no se debe repetir)

2) Tendrán unos minutos para prepararlo y dividir los papeles de actuación

3) Lo representarán ante el grupo con palabras y acciones sencillas

5) Primero, responde en tu libro y luego pregunta a tus compañeros

1) Cuando eras niño/a ¿te gustaba leer cuentos y leyendas o preferías ver películas infantiles?

- Me gustaba más leer cuentos y leyendas. / Prefería ver películas infantiles.

A mí me gustaba más ________________________________.

1. Mi compañero/a ____________________ prefería leer cuentos y leyendas.
2. Mi compañero/a ____________________ prefería leer cuentos y leyendas.

1. Mi compañero/a ____________________ prefería ver películas infantiles.
2. Mi compañero/a ____________________ prefería ver películas infantiles.

2) ¿Qué cuento te gustaba más cuando *eras* niño/a?

- Mi cuento preferido **era** Pinocho
- Mi cuento preferido era ____________________.

1. A mi compañero/a ____________ le **gustaba más** el cuento de _________.
2. A mi compañero/a ____________ le **gustaba más** el cuento de _________.
3. A mi compañero/a ____________ le **gustaba más** el cuento de _________.

3) ¿Piensas que los cuentos son buenos para los niños?

- Pienso que los cuentos (SÍ) / NO son buenos para los niños, porque...
- Pienso que los cuentos SÍ / NO son buenos para los niños, porque...

1. Mi compañero/a ____________ piensa que los cuentos ____________ son buenos para los niños, porque ______________________________________.
2. Mi compañero/a ____________ piensa que los cuentos ____________ son buenos para los niños, porque ______________________________________.
3. Mi compañero/a ____________ piensa que los cuentos ____________ son buenos para los niños, porque ______________________________________.

Sí, porque...

a) ayudan a la imaginación - 상상력을 도와주다.
b) sirven para aprender cosas de la vida - 인생살이에 대해서 배우는 데 도움이 되다.
c) ayudan a aprender a leer - 독서하기를 배우는 데 도움이 되다.

No, porque..

a) les quita la imaginación - 상상력을 없애다.
b) es mejor que estudien mucho - 열심히 공부하는 것이 더욱 낫다.
c) los cuentos no sirven para nada / los cuentos son aburridos

Lección

08

Tradiciones de Corea

TEMA 8 Tema cultural: traduciendo al español las tradiciones coreanas

1) Saludo a mis compañeros

¿Cómo te sientes hoy?

- Hoy me siento bien, estoy contento/a, muy feliz...
- Hoy **no** me siento bien, estoy triste... / tengo sueño...

tener sueño	tener hambre	tener sed	estar cansado
estar estresado	tener prisa	tener miedo	tener catarro
estar avergonzado	estar preocupado	tener gripe	tener tos
tener mucho trabajo	estar nervioso	estar aburrido	

2) La frase del día

FRASE HECHA	SIGNIFICADO
7. Ponerse la carne / la piel de gallina. Ej: ¿Cuándo se te pone la piel de gallina? - Cuando veo películas de terror, se me pone la piel de gallina.	Al sentir frío, miedo o algo que impresiona, se nota en la piel. 소름 끼치다. 닭살 돋다.

Todos, de pie, preguntan a varios compañeros

> **A: ¿Cuándo *se te pone* la piel de gallina?**
> B: Cuando como algo muy frío, *se me pone* la piel de gallina.

1. A ____________ se le pone la piel de gallina cuando __________________.
2. A ____________ se le pone la piel de gallina cuando __________________.

cuando tengo frío	cuando alguien habla fuerte
cuando rechina (삐걱거리다) algo	cuando tengo una mala nota
cuando tomo limón solo	cuando tomo algo muy frío

3) El profesor divide el grupo en equipos para que cada equipo busque una tradición que se mantenga viva hoy en día en Corea

Las tradiciones y las costumbres de Corea

tradición (전통): Transmisión de noticias, composiciones literarias, doctrinas, ritos, costumbres, etc., de generación en generación.
costumbre (습관): Hábito, manera de actuar, establecido por tradición o por la repetición de los mismos actos.

1°. Escoger una tradición (que no se repita en los equipos)
2°. Explicar sencillamente la tradición que escogieron frente al grupo
3°. Todos deben hablar un poco

EJEMPLO:

COMPAÑERO 1. Una tradición que todavía hay en Corea es la fiesta de Dano, aunque es poco común hoy en día.

COMPAÑERO 2. Aunque la sociedad de Corea se ha modernizado, existen tradiciones antiguas como la fiesta de Dano.

COMPAÑERO 3. En esa fiesta, las mujeres se lavan el pelo con agua del río y con una planta llamada 창포.

COMPAÑERO 4. Las mujeres siguen esa tradición para conservarse siempre bellas y jóvenes.

∗ *Escucha y escribe las tradiciones que escogieron los otros equipos*

1. Otra tradición que todavía existe es ______________________.
2. Otra tradición que todavía existe es ______________________.
3. Otra tradición que todavía existe es ______________________.
4. Otra tradición que todavía existe es ______________________.
5. Otra tradición que todavía existe es ______________________.
6. Otra tradición que todavía existe es ______________________.

4) Lectura en voz alta, todos junto con el profesor, y después de leer la frase preguntar a los compañeros, según se indica

LECTURA 1. ***Seolal*** [Solal] es el "**Año Nuevo lunar**", primer día del año del calendario de la luna.

1) ¿Dónde pasaste la fiesta del Año Nuevo lunar?

- La pasé con... / estuve con... / fui a...

1. ____________ la pasó con ______________________.
2. ____________ estuvo con ______________________.
3. ____________ fue a ______________________.

Ceremonia para los antepasados

Seolal

Para la sopa de "tok"

LECTURA 2. En esta fiesta, desde hace muchos años se han repetido **ceremonias** y **juegos tradicionales**.

2) Cuando eras niño(a), ¿jugaste alguno de estos juegos?

- Sí, jugué *yutnori*. / No, nunca jugué esos juegos cuando era niño/a, porque...

1. Mi compañero/a jugó ______________________________.
2. Mi compañero/a jugó ______________________________.
3. Mi compañero/a jugó ______________________________.

porque...

crecí en otro país

no se jugaban en mi familia

en mi familia no se celebraba esa fiesta

LECTURA 3. ***Hanshik*** (한식 – 절기) es el **"Día de comida fría"**, se celebra el 4 o 5 de abril del calendario solar, correspondiente al 105° __________ __________ día después del solsticio de invierno. En este día, en el campo se prepara la tierra para sembrar y se visita la tumba de los ancestros para plantar árboles y cuidar el buen estado de la tumba.

3) ¿El año pasado participaste en el Día de comida fría de *Hanshik*?

- Sí, la pasé con... / fui a la casa de...

1. Mi compañero/a __________ estuvo con ______________________.
2. Mis compañeros/as __________, __________ y __________ **no** participaron.

En la tumba

LECTURA 4. ***Día de Buda:*** El 8 de abril del calendario lunar se celebra el día del nacimiento de Buda. Las calles se adornan con *faroles* (연등) de colores y los budistas organizan un *desfile* en su honor (부처님 오신날 행진).

4) ¿Has visto alguna vez el *desfile* (행진) del día de Buda?

- Sí, lo *vi* el año pasado. / No, nunca lo he *visto*.

Desfile de Buda

1. Mi compañero/a ______________________________ sí lo ha visto.
2. Mi compañero/a ______________________________ sí lo ha visto.

1. Mi compañero/a _________________________ no lo ha visto nunca.
2. Mi compañero/a _________________________ no lo ha visto nunca.

LECTURA 5. ***Dano:*** El 5 de mayo del calendario lunar se celebra el **"Día de Dano"** [단오(端午)]. Este día, en las familias tradicionales, se mantiene la costumbre de lavarse el pelo con agua hervida con la planta *changpo* (창포), para mantenerlo sano y hermoso.

5) **¿En tu familia se sigue / tienen todavía la costumbre de lavarse su pelo ese día?**

- Sí, el año pasado, mi mamá, mi/s hermana/s y mi/s prima/s se lavaron el pelo. / No, mi familia ya no sigue esa costumbre.

1. En la familia de mi compañero/a ____________ sí se ha conservado esta fiesta.
2. En la familia de mi compañero/a ____________ sí se ha conservado esta fiesta.

1. En la familia de mi compañero/a ____________ ya no se conserva esta fiesta.
2. En la familia de mi compañero/a ____________ ya no se conserva esta fiesta.

LECTURA 6. ***El sirum*** es un deporte tradicional, es la lucha tradicional coreana que se juega en los días de fiesta de Chusok.

6) **¿Alguna vez tú o alguien de tu familia ha practicado *sirum*?**

- Sí, el año pasado, yo / mi papá / mi hermano / mi tío / mi primo...
- No, nunca se ha practicado en mi familia.

1. En la familia de ____________, lo ha practicado él / su papá / su tío / su primo.
2. En la familia de ____________, lo ha practicado él / su papá / su tío / su primo.

1. En la familia de ____________, NADIE lo ha practicado nunca.
2. En la familia de ____________, NADIE lo ha practicado nunca.

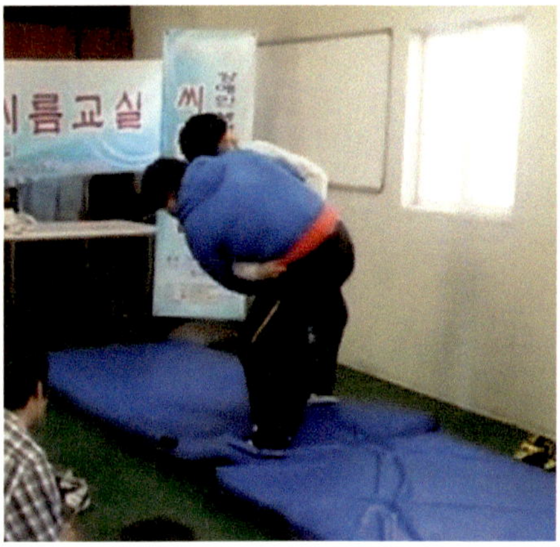

LECTURA 7. ***Chuseok*** [Chusok] es la fiesta de la cosecha, el "Día de gracias" por la abundancia de alimentos para el invierno y se celebra en familia el 15 de agosto del calendario lunar.

7) ¿Participas con tu familia en la ceremonia de *Chusok*?

- Sí, nos reunimos con... / vamos a...

1. Mi compañero/a ____________ se reúne con ________________________.

2. Mi compañero/a ____________ se reúne con __________________________.

3. Mi compañero/a ____________ va a _______________________________.

4. Mi compañero/a ________________________ no celebra la fiesta de Chusok.

Ceremonia

Sopa de res

Pastelitos de arroz

LECTURA 8. ***La familia*** se reúne y todos ayudan en la fiesta de *Chusok*; es una manera de convivir, disfrutar y fortalecer (강하게 하다) los lazos familiares.

8) ¿Acostumbras ayudar en algo para la ceremonia de *Chusok*?

- Sí, ayudo preparando... / limpiando... / comprando...
- No, no hago nada..., solamente como y duermo.

1. ______________________ y ______________________ sí ayudan en *Chusok*.
2. ______________________ y ______________________ ayudan un poco.
3. ______________________ y ______________________ no ayudan en nada.

¿Ayudaste en *Chusok*?

5) En equipos, comentar sobre la importancia de la tradición en la cultura de Corea

1) ¿Cuál de todas las fiestas anteriores piensas que sea *la más importante* en la cultura de Corea?

- En mi opinión, la fiesta *más importante* en Corea es ________________.

* Para nuestro equipo, la fiesta más importante es ____________________.

2) ¿Cuál de todas las fiestas coreanas te ha gustado más desde que eras niño/a?

- La fiesta que más me ha gustado siempre es ____________________.

1°. La fiesta que más hemos disfrutado desde niños es ________________.

2°. En segundo lugar, la fiesta que más hemos disfrutado es ____________.

3°. En tercer lugar, la fiesta que más hemos disfrutado es ______________.

Lección
09

Tradiciones en el mundo

TEMA 9 Tema cultural sobre tradiciones occidentales

1) Saludo a mis compañeros

¿Cómo te sientes hoy?

- Hoy me siento bien, estoy contento/a, muy feliz...
- Hoy **no** me siento bien, estoy triste... / tengo sueño...

tener sueño	tener hambre	tener sed	estar cansado
estar estresado	tener prisa	tener miedo	tener catarro
estar avergonzado	estar preocupado	tener gripe	tener tos
tener mucho trabajo	estar nervioso	estar aburrido	

2) La frase del día

FRASE HECHA	SIGNIFICADO
8. Estar o quedar muerto. Ej: ¿Alguna vez has quedado muerto por hacer algo? - Al terminar los exámenes, quedé muerto/a.	Estar o terminar muy cansado/a, muy fatigado/a. 죽을 정도로 피곤하다. 피곤해서 죽을 지경이다.

Todos, de pie, preguntan a varios compañeros

A: ¿Alguna vez has quedado muerto/a por hacer algo?
B: Sí, cuando estudié para el examen de... quedé muerto/a.

1. ____________ quedó muerto/a de cansancio cuando ____________________.
2. ____________ quedó muerto/a de cansancio cuando ____________________.
3. ____________ quedó muerto/a de cansancio cuando ____________________.

3) Otras tradiciones y costumbres que conocemos. Lectura en voz alta, todos junto con el profesor

LECTURA 1. En MÉXICO: Día de los muertos / Día de los difuntos

- El 2 de noviembre de cada año, la familia se reúne en el cementerio (공동묘지).

• Se arrodillan alrededor de la tumba de sus difuntos y depositan las **ofrendas**, que por lo general son flores o veladoras. (무덤 주위에 무릎을 꿇고, 일반적으로 꽃이나 촛불인 제물을 설치한다.)

• En algunos lugares, se ponen altares (제단) en las casas. Es una combinación de alegría y tristeza. Las **ofrendas** pueden ser fruta, pan, conservas, tamales, mole, dulces, el tradicional pan de muerto; flores, veladoras y una fotografía del difunto (고인의 사진).

Pan de muerto

Calavera de dulce

* *En equipo, vamos a comentar. Primero, cada compañero da su opinión y luego se prepara la opinión del equipo, para presentarla ante el grupo*

¿En qué se parece esta tradición a otra que tú conozcas?

- Me parece que esta tradición es muy semejante a ____________________.
- Nuestro equipo piensa que esta tradición para los difuntos se parece a __ en ____.

LECTURA 2. En MÉXICO: La quinceañera

- La fiesta de los quince años es una gran celebración en la vida de una jovencita latinoamericana.
- Significa el cambio de su vida de niña a mujer.
- La celebración tiene su origen en la tradición tolteca recogida por los aztecas en México.
- Al llegar a los quince años, una mujer salía de la familia para ir a la escuela llamada telpochcali. Allí, aprendía la historia y las tradiciones de su cultura y se preparaba para el matrimonio (결혼).

telpochcali

Carlota

quinceañera

- En el siglo XIX (diecinueve), el emperador Maximiliano y su esposa Carlota llevaron a México el vals y el estilo de los vestidos que se usaron más tarde para la quinceañera.
- Hoy en día, la tradición ha cambiado y solo se celebra el cambio de niña a mujer.
- Los padres les permiten a las hijas salir con sus amigas y maquillarse un poco después de los quince años.
- Para celebrar a la quinceañera, se organiza una gran fiesta, música en vivo y un hermoso vestido para la festejada, estilo princesa.
- También, usa zapatos de tacón y se maquilla por primera vez.

4) En equipo, vamos a comentar. Primero, cada compañero da su opinión y luego se prepara la opinión del equipo, para presentarla ante el grupo

.¿Conoces otras fiestas tradicionales de cumpleaños?

- Yo conozco la fiesta de_______________________________________.

- Nuestro equipo conoce las siguientes fiestas:

1. Cuando se cumple(n) ____________ año(s), se celebra fiesta especial en (LUGAR) ____________.
2. Cuando se cumple(n) ____________ año(s), se celebra fiesta especial en (LUGAR) ____________.
3. Cuando se cumple(n) ____________ año(s), se celebra fiesta especial en (LUGAR) ____________.

Todos, de pie, preguntan a varios compañeros

¿*Conoces* **alguna** tradición de otro país
y cómo supiste **de esa** tradición?

- La corrida de toros de Pamplona, la conocí cuando estudié en España
- La Noche Vieja, la vi en una película.

1. ___________ conoce ___________________________________.
   supo de esa tradición ___________________________________.
2. ___________ conoce ___________________________________,
   supo de esa tradición ___________________________________.
3. ___________ conoce ___________________________________,
   supo de esa tradición ___________________________________.

YO	Mi compañero/a
cuando viajé a...	cuando viajó a...
cuando viví en....	cuando vivió en....
cuando estuve estudiando en...	cuando estuvo estudiando en...
la conocí por Internet	la conoció por Internet
la vi en una revista	la vio en una revista
la vi en un libro	la vio en un libro

Lección 10

Películas y videos

TEMA 10 Audición: guía básica para ver películas en español

1) Saludo a mis compañeros

¿Cómo te sientes hoy?

- Hoy me siento bien, estoy contento/a, muy feliz...

tener sueño	tener hambre	tener sed	estar cansado
estar estresado	tener gripe	tener tos	tener mucho trabajo
estar nervioso	estar aburrido		

2) La frase del día

FRASE HECHA	SIGNIFICADO
9. Con el corazón en la mano. Ej: ¿Alguna vez has hablado con el corazón en la mano? - Una vez hablé con mi amiga/o con el corazón en la mano.	Con toda franqueza y sinceridad, para ayudar a alguien. 누구를 돕기 위하여 진실된 마음으로

Todos, de pie, preguntan a varios compañeros

> **A: ¿Alguna vez has hablado con el corazón en la mano?**
> B: Sí, le hablé a mi amiga/o con el corazón en la mano, para darle un consejo.

1. ________________ le habló a ________________ con el corazón en la mano.
2. ________________ le habló a ________________ con el corazón en la mano.

3) El profesor escogerá una película doblada al español, de preferencia infantil para que el vocabulario sea sencillo. Los alumnos responderán algunas preguntas relacionadas con lo que se oye o se ve durante la película

* *Formato básico para la práctica de audición*

Práctica. **Nombre**: ____________ **Calificación** (점수): ____________

¿Cuál es el nombre de la película, en español?

1. ____

¿Cómo se llama el/la protagonista (주인공)?

2. ____

¿ Cómo se llaman otros dos personajes (인물들) principales?

3. ____________________ y ____________________

¿Puedes escuchar el nombre de otros personajes? (Escribir 4)

4. ____________________ , ____________________

5. ____________________ y ____________________

¿Cómo es el personaje que te gustó más? (네 맘에 더 드는 인물은 어떠했니?)

6. ____

¿Dónde sucede la película? (그 영화 내용은 어디에서 일어나는 내용이니?)

7. ____

¿Qué cosas hay en la película? (un/una/unos/unas)

8. ____________, ____________, ____________, ____________

9. ____________, ____________, ____________ y ____________

¿Te gustó la película?, (sí / no) porque…

10. ____

4) Recomendaciones (참고 사항)

- Es importante ser puntuales, porque hay preguntas desde que empieza la película.
  영화가 시작할 때부터 질문 내용이 있기 때문에 시간 엄수가 중요합니다.
- No se permite preguntar a otros compañeros las respuestas de las preguntas que no escuchaste por llegar tarde.
  늦게 도착해서 듣지 못한 질문에 대한 답변을 다른 사람에게 물어보는 것을 금지합니다.
- Puedes hacer la práctica junto con otro compañero. 다른 동료들과 연습을 할 수 있습니다.
- Puedes cambiar de lugar para ver bien la pantalla. 영화를 잘 보기 위하여 자리 이동을 할 수 있습니다.
- La película es para niños y tiene una forma de hablar sencilla. ¡No te preocupes!
  영화는 어린이용이어서 단순한 화법을 사용합니다. 걱정하지 마세요.
- ¡Disfruta de la película! 영화를 즐기시기 바랍니다.

Lección

11

Deportes y deportistas

TEMA 11 Vocabulario sobre deportes y accesorios deportivos

1) Saludo a mis compañeros

¿Cómo te sientes hoy?

- Hoy **no** me siento bien, estoy triste... / tengo sueño...

tener sueño	tener hambre	tener sed	estar cansado
estar estresado	tener gripe	tener tos	tener mucho trabajo
estar nervioso	estar aburrido		

2) La frase del día

FRASE HECHA	SIGNIFICADO
10. Llegar como anillo al dedo.	
Ej: ¿Te ha llegado **algo** o **alguien** como anillo al dedo?	Exacta y oportunamente, cuando más se necesita.
- Ayer llegó mi amigo como anillo al dedo y me ayudó.	적시에, 시간에 딱 맞추어서

❍ Todos, de pie, preguntan a varios compañeros

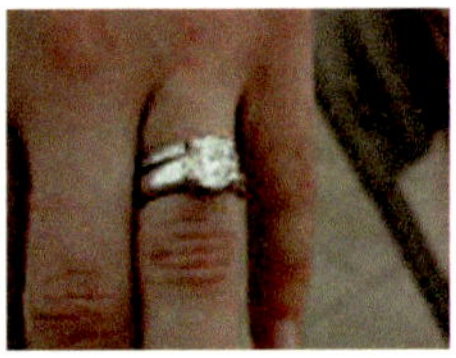

A: ¿Alguna vez te ha llegado algo como anillo al dedo?

B: Sí, una vez me llegó dinero como anillo al dedo porque ya no tenía.

1. A __________________ le llegó ___________________ como anillo al dedo.
2. A __________________ le llegó ___________________ como anillo al dedo.

3) ¡Vamos a jugar! En equipo, buscar las respuestas en los cuadros para completar el ejercicio

practicar 연습하다	jugar 놀다 (운동을)하다
Se usa para todos los deportes. (*yo*) *practico natación* (*él*) *practica tenis*	Se usa para los deportes en equipo que necesitan pelota o balón. (*ellos*) *juegan* (*al*) *tenis*

a) Se organizan los equipos de 3 o 4 estudiantes, y el profesor escoge solo a uno de cada equipo para revisar su libro
b) Las respuestas están en los cuadros que se encuentran entre las preguntas
c) El profesor va pidiendo por partes: de la pregunta 1 a la 5; de la 6 a la 10; de la 11 a la 15; etc. También se puede alternar el orden pero se sugiere que sea de 5 en 5
d) El equipo que complete primero cada parte, ¡ganará!

* *Al final del juego, comparar con las respuestas que están en el anexo* (p. 194)

1. En el **atletismo** hay varias disciplinas, como ____________, ____________, y ____________. El que practica atletismo se llama ____________.
2. En el **béisbol** hay que batear. El que lo practica se llama ____________.
3. En el **basquetbol** hay que hacer una canasta. Se juega en la ____________. El que lo juega se llama ____________.

futbolista	salto con garrocha (장대높이뛰기)	cancha
carreras	beisbolista	cuadrilátero (링)
atleta	lanzamiento de jabalina (투창)	gimnasio
salto de altura	basquetbolista	

4. En el **boxeo** hay que golpear con guantes. Se practica en el ____________, pero las peleas oficiales son en el ____________.
5. En el **futbol o fútbol** hay que patear el balón y meter un gol. El que lo juega se llama ____________. Se practica en la ____________.

6. En el ____________ se rema en una balsa (고무 보트) por un río o una corriente. El que lo practica se llama ____________.
7. En el **ciclismo** hay que correr en bicicleta. Se practica en el ____________. El que lo practica se llama ____________.
8. A la ____________ también se le llama **levantamiento de pesas**. Se practica en el ____________. El que practica se llama ________________.

gimnasio	canotaje (카누, 래프팅)	pesista	halterofilia (역도)
piscina	clavadista	ciclista	remero/a (노 젓는 사람)
velódromo (경륜장)	nadador/a		

9. En los **clavados** hay que entrar (clavarse) en el agua después de dar unas vueltas en el aire. Se practica en la ____________. Se llama ____________.
10. En la **natación** hay que nadar. Se practica en la ____________. El que practica se llama____________.

11. En el **<u>patinaje</u>** hay que patinar. El que practica se llama ______________.
12. En el **<u>tenis</u>** hay que jugar con raqueta y pelota. Se le llama ____________.
13. En el **<u>tenis de mesa</u>** (**ping-pong**) hay que jugar tenis en una ___________.

nieve	mesa	pista	esquiador/a
patinador/a	tenista	agua	tirador/a

14. En el **<u>esquí</u>** hay que esquiar. Se practica en la ___________ y también en el ___________. Se le llama ___________.
15. En el **<u>tiro deportivo</u>** hay que tirar con un rifle (장총) o una pistola (권총). Se practica en la ___________. Se le llama ___________.

16. En el ___________ hay que tirar con un arco y una flecha (활과 화살).
17. En los **<u>aeróbicos</u>** hay que bailar haciendo ejercicio. Se practica en el ___________.
18. En la ___________ se maneja la espada, el sable y el florete. Se trata de "tocar" (건드리다) al contrario. El que practica se llama ___________.

gimnasio	esgrima (펜싱)	práctica ecuestre (승마 연습)	esgrimista
tiro con arco	deporte hípico (승마)	jinete (승마 선수)	

19. En la **equitación** hay que montar a caballo. Se llama también ___________. El que practica se llama ___________.

20. En el **taekwondo** hay que patear (발로 차다). Se practica en el ___________.

21. El **voleibol** se juega con pelota y manos. Se le llama ___________.

22. En el **fisiculturismo** hay que hacer ejercicio para desarrollar los músculos (근육) . Se practica en el ___________. Se llama ___________.

23. En el ___________ hay que nadar debajo del agua. Se practica en el ___________. Se llama ___________.

mar	gimnasio	buceo	cinegética
voleibolista	fisiculturista	buzo	kendoka

24. En el **kendo** hay que pelear con espada de bambú. Se practica en el ___________. Se llama ___________.

25. La ___________ o cacería es más que un deporte, es un arte: el arte de la caza (사냥). Se practica en los lugares permitidos por la ley (법이 허가하는 장소들).

4) Todos de pie, preguntan a sus compañeros

1) ¿Qué deportes has practicado en tu vida? (3 deportes)

* *No se necesitan los artículos.* EJEMPLO: Yo he practicado futbol, kendo y voleibol.

\- (Yo) he practicado ____________, ____________ y ____________.

1. ____________ ha practicado ____________, ____________ y ____________.
2. ____________ ha practicado ____________, ____________ y ____________.
3. ____________ ha practicado ____________, ____________ y ____________.

2) ¿Qué deportes no has practicado nunca? (2 deportes)

\- Nunca he practicado ____________ ni ____________.

* *Tampoco se necesitan los artículos*

1. Mi compañero/a nunca ha practicado ____________ ni ____________.
2. Mi compañero/a nunca ha practicado ____________ ni ____________.
3. Mi compañero/a nunca ha practicado ____________ ni ____________.

3) ¿Cuál es tu deporte favorito?

\- Mi deporte favorito es el / la // son los ____________.

* *Sí se necesitan los artículos. Puedes encontrarlos en el cuadro siguiente*

1. El deporte favorito de mi compañero/a es el/la // son los ____________.

2. El deporte favorito de mi compañero/a es el/la // son los ______________.

3. El deporte favorito de mi compañero/a es el/la // son los ______________.

4. El deporte favorito de mi compañero/a es el/la // son los ______________.

5. El deporte favorito de mi compañero/a es el/la // son los ______________.

LOS DEPORTES		
los aeróbicos (에어로빅)	la cinegética (사냥)	la lucha grecorromana
el atletismo (육상경기)	el ciclismo (경륜)	el kendo
el bádminton	los clavados	la natación (수영)
el basquetbol	la equitación (승마)	el patinaje
el béisbol	la esgrima (펜싱)	el taekwondo
el billar (당구)	el esquí	el tenis
el boxeo (복싱)	el fisiculturismo (육체미)	el tenis de mesa (탁구)
el buceo (잠수)	el futbol- fútbol	el tiro con arco (양궁)
el canotaje (카누, 래프팅)	el golf	el tiro deportivo (사격)
la caza (사냥)	la halterofilia (역도)	el voleibol (배구)
la cacería (사냥)	el levantamiento de pesas	el yudo

Lección
12

Naturaleza y ecosistemas

TEMA 12 Lectura de auditorio: principales ecosistemas

1) Saludo a mis compañeros

¿Cómo te sientes hoy?

- Hoy me siento bien, estoy contento/a, muy feliz...
- Hoy **no** me siento bien, estoy triste... / tengo sueño...

tener sueño	tener hambre	tener sed	estar cansado
estar estresado	tener prisa	tener miedo	tener catarro
estar avergonzado	estar preocupado		

2) La frase del día

FRASE HECHA	SIGNIFICADO
11. Estar de buenas. Ej: ¿Hoy, cómo te sientes? - Hoy estoy de buenas. Todo me va bien. 	De buen humor, alegre y complaciente (마음속에서 즐거워하는). 컨디션이 좋다. 기분이 좋다. 기쁘다.

* *Por cortesía, **no** se debe preguntar: "¿Estás de buenas?"*

A: ¿Hoy, cómo te sientes?

B: Hoy, estoy de buenas, porque ______________________.

1. ____________ está de____________ porque ____________________________.

2. ____________ está de____________ porque ____________________________.

porque...	hace lindo día	me gusta estar con ustedes
todo me ha ido bien estos días	no tengo tarea	terminé un trabajo difícil
dormí muy bien	recibí una buena noticia	

3) La naturaleza en el mundo

ecosistema. Comunidad de los seres vivos que se relacionan entre sí y que viven en un mismo ambiente.

* *Marca con O si sabes algo o has estado en alguno de estos ecosistemas*

ECOSISTEMAS	yo sé algo de / del...	he estado en...
1. la selva		
2. la estepa		
3. la tundra		
4. el desierto		
5. el bosque		
6. la sabana		
7. el mar		

hábitat. Lugar de condiciones apropiadas para que viva un organismo, especie o comunidad animal o vegetal.
EJEMPLO: El tigre puede vivir en todo tipo de *hábitat* con vegetación, desde la selva tropical hasta los bosques.

4) Pregunta a tus compañeros sobre los ecosistemas que no conozcas y escribe sus nombres en los cuadros

¿Sabes algo de la selva?
¿Has estado en la selva alguna vez?

Mi compañero/a...

ECOSISTEMA	sabe algo de...	ha estado en...
1. la selva		
2. la estepa		
3. la tundra		
4. el desierto		
5. el bosque		
6. la sabana		
7. el mar		

5) Practicar lectura en voz alta. Se puede organizar por equipos, cada uno presentará la lectura de su ecosistema frente al grupo, después de practicar 2 o 3 minutos con su equipo

1. La selva

Las **selvas** son el hábitat (서식지) de dos terceras (2/3) partes de toda la fauna (동물군) y flora (식물군) del planeta (지구). La **selva** del Amazonas es la más grande y se encuentra en América del Sur, comprendiendo Perú, Ecuador, Colombia, Venezuela, Guyana, Surinam, Bolivia y Brasil. Hay miles de especies de insectos (곤충), arañas (거미) y otros bichos (벌레). También hay cocodrilos (악어) y grandes serpientes (뱀). Todos son de gran importancia para el equilibrio ecológico.

2. La estepa

La **estepa** es un territorio llano y extenso, con muchas hierbas bajas y matorrales (덤불, 잡초). Tiene clima seco porque es un ecosistema semiárido (반 건조한), típico de las regiones que están más lejos del mar. Hace mucho calor en verano y mucho frío en invierno. Entre los animales más comunes están el guanaco, el puma, el zorro y la liebre (산토끼). La estepa es muy buen hábitat para los criadores (사육자) de caballos y reses (소). Hay numerosas aves migratorias (이주하는, 이동하는) también. En la estepa de Mongolia viven pueblos nómadas (유목의). Los coyotes viven en las estepas junto con animales corredores y cavadores (땅에 구멍을 파고 사는), como la marmota y la comadreja.

3. La tundra

La **tundra** comprende las regiones árticas de Asia, América y Europa que se encuentran entre los eternos hielos del Polo Norte. También se localiza en el extremo sur de Chile y Argentina, en el Polo Sur. Llueve poco y la temperatura máxima no pasa de 10 grados centígrados. El suelo se descongela (녹다) solo 2 o 3 veces al año, formando pequeños lagos (호수). En la tundra, las formas de vida son los musgos (이끼). Las dos especies principales de animales son el reno en Europa y Asia, y el caribú en América. El reno y el caribú son animales muy parecidos. Muchos de estos animales hibernan (동면하다, 겨울을 나다), como el oso polar. En la tundra del Polo Norte viven cazadores, pescadores y pastores (목동) de renos. Se les llama esquimales.

4. El desierto

En este ecosistema el problema es el agua, las lluvias son muy escasas en el año y la temperatura media es de 30 grados centígrados. Pero los **desiertos** no son regiones muertas. Después de la lluvia, aparecen plantas, flores y pequeños

animales. El ejemplo típico es el desierto del Sahara. Las plantas espinosas (가시 식물) son adecuadas para los desiertos, como los cactos. En el desierto se pueden encontrar numerosos insectos (곤충), como arañas (거미), escorpiones (전갈) y ciempiés (지네).

5. El bosque

Es un área con muchos árboles de gran tamaño. Entre los animales que habitan en el bosque encontramos osos, ardillas, zorros, venados y un sinnúmero de aves. El **bosque** templado de coníferas (pinos-소나무) se encuentra en diversas regiones del planeta, como en la península de Corea. En el bosque nacen muchos tipos de hongos (버섯) que ayudan al equilibrio del ecosistema. La variedad de árboles se combina con diversas clases de arbustos (키가 작은 나무), helechos y plantas trepadoras.

6. La sabana

Es un ecosistema que está en los trópicos. Se encuentra en extensas regiones de África, Asia, Australia y América del Sur. En la **sabana** africana hay una gran variedad de animales: antílopes, cebras, jirafas (기린) de más de cinco metros de altura, rinocerontes, elefantes (코끼리), búfalos y leones (사자). Las hierbas y los pastos son típicos de las sabanas. En América está la sabana llamada El Chaco, con un millón de kilómetros cuadrados (km^2) en parte de los territorios de Bolivia, Paraguay y Argentina.

7. El mar

La costa (해안) es la parte de tierra que limita (경계를 갖다) con el mar. Tiene un paisaje muy variado, hay **playas** (해변) y **acantilados** (벼랑, 절벽). En las playas viven

cangrejos (게), insectos y pequeños pájaros. Las tortugas (거북이) de mar ponen sus huevos (알) en las playas. Hay también algas (미역, 김) que llegan a la playa donde el hombre las aprovecha.

6) ¿Qué recuerdas de las lecturas escuchadas sobre los ecosistemas? Se puede responder individualmente o por equipo, según indique el profesor

1. Los esquimales viven en el ecosistema de la ______________________.
2. El Sahara es un ejemplo típico del ecosistema del ___________________.
3. La selva del __________________________ es la más grande del mundo.
4. El ecosistema de la península coreana es el _______________________.
5. Son dos animales muy parecidos que viven en la tundra: ___________ y ___________.
6. Es el ecosistema predominante en Mongolia: ______________________.
7. Los leones, las jirafas y los elefantes no viven en la selva sino en la ______ ____.
8. El mar tiene un paisaje variado formado por playas y _________________.
9. Son el hábitat de 2/3 partes de toda las plantas y animales del planeta: ___ ____.
10. La ___________ es un buen hábitat para los criadores de caballos y reses.
11. En el Polo Norte y en el Polo Sur se encuentra: ____________________.
12. La sabana sudamericana se conoce con el nombre de _______________.

Lección
13

Palabras nuevas

TEMA 13 Práctica de vocabulario: cultismos y tecnicismos

1) Saludo a mis compañeros

¿Cómo te sientes hoy?

- Hoy me siento bien, estoy contento/a, muy feliz...

tener prisa	tener miedo	tener catarro	estar avergonzado
estar preocupado	tener gripe	tener tos	tener mucho trabajo
estar nervioso	estar aburrido		

2) La frase del día

FRASE HECHA	SIGNIFICADO
12. Estar de malas. Ej: Hoy, ¿cómo te sientes?  - Estoy de malas. Tengo sueño y hambre.	De mal humor, molesto, enojado y poco complaciente (기분이 별로 내키지 않는) 기분이 안좋다. 짜증나다. 화나다.

* *Por cortesía,* ***tampoco*** *se debe preguntar: "¿Estás de malas?"*

o Todos, de pie, preguntan a varios compañeros

> **A: ¿Cuándo o con qué te pones de malas?**
> B: Cuando alguien fuma muy cerca de mí, me pongo de malas.

1. ____________ se pone de malas cuando ______________________________.
2. ____________ se pone de malas cuando ______________________________.

* Cuando aprendemos palabras nuevas, nuestro **vocabulario** aumenta y nuestros ojos pueden ver mejor el mundo que nos rodea.

vocabulario / léxico /// **glosario** / diccionario

3) En equipo, buscar las palabras que coinciden con las definiciones

* *No se permite usar diccionarios de ningún tipo*

a) Para este juego, se usará la hoja con las definiciones que está en el anexo de material para recortar (p. 203). Por lo tanto, los alumnos NO deben ver sus libros (ya que ahí están las respuestas).

b) Se organizan los equipos de 3 o 4 estudiantes, y el profesor escoge solo a uno de cada equipo para revisar su hoja.

c) El profesor prepara las palabras de respuestas en **letreros grandes que se pegarán alrededor del salón de clase** (*las palabras que están al final, en el anexo de **respuestas***) (p. 195).

d) El profesor va pidiendo por partes: de la pregunta 1 a la 5; de la 6 a la 10; de la 11 a la 15; etc. También se puede alternar el orden o pedir cierto número de aciertos.

e) El equipo que complete primero cada parte, ¡ganará!

* *Al final del juego, comparar con las respuestas que están en el anexo* (p. 195).

1. ___________: Fiesta popular con baile que se celebra por la noche, al aire libre, en la calle o en alguna plaza.

2. ___________: Persona que queda fuera de las ventajas (유리한 점) que gozan las demás, por ser considerada una persona inferior. || En la India, persona de la más baja condición social que queda fuera del sistema de las castas.
3. ___________: Tela resistente (질긴, 강한), su color varía desde el amarillo ocre al verde gris, se usa principalmente para uniformes militares. || También es el nombre de una fruta.
4. ___________: Firma (싸인) personalizada que a veces va sola, pero que generalmente se acompaña de otros trazos (선) o líneas.

5. ___________: Arte de la caza.
6. ___________: Cosa de poca estima y de poco valor. || También significa ganga, algo que se compra con poco dinero.
7. ___________: Tira (긴 조각) de tela o de papel, con una cara cubierta de un capa de sustancia adherente (접착력 있는). Se usa para sujetar los vendajes (붕대).
8. ___________: Adjetivo que significa que come y bebe poco. || Se dice de una cosa con esas cualidades. *Vida ~*, *almuerzo ~*.

9. ___________: Algo que causa o produce náuseas (구토).
10. ___________: En el béisbol y en otros juegos, palo más grueso por el extremo libre que por la empuñadura, con el que se golpea la pelota.
11. ___________: Postura de una persona cuando está sobre el suelo con las rodillas flexionadas.

12. ___________: Superioridad de alguien o algo respecto de otra persona o cosa. || Excelencia o condición favorable que tiene alguien o algo.
13. ___________: Que va, se queda o está atrás. || Defensa. || Jugador que forma la línea defensiva en un partido de futbol.
14. ___________: Síndrome de rechazo a la alimentación por un estado mental de miedo a engordar, que puede tener graves consecuencias en la salud.
15. ___________: Cobertor (이불) relleno (...로 가득 찬) con plumas (깃털) de pato o relleno con otros materiales.

16. ____________: Camello corredor que tiene una sola giba o joroba.
17. ____________: Acción de copiar o apropiarse de una obra o alguna creación intelectual ajena, para presentarla como propia.
18. ____________: Ninfa marina con cola de pez y busto de mujer.
19. ____________: Médico especialista en curar y atender ancianos.
20. ____________: Joven que está haciendo su servicio militar.

Lección 14

Ecología: agua y aire para vivir

TEMA 14 Expresión oral: debate sobre temas de actualidad

1) Saludo a mis compañeros

¿Cómo te sientes hoy?

- Hoy **no** me siento bien, estoy triste... / tengo sueño...

2) La frase del día

FRASE HECHA	SIGNIFICADO
13. Colarse en... Ej: ¿Alguna vez te has colado en algún lugar? - Una vez me colé en la fiesta de un amigo de mi amigo.	Entrar a escondidas o sin permiso en alguna parte. 허가없이 몰래 들어가다. 동의를 구하지 않고 입장하다.

* *Una **coladera** sirve para que solamente pase agua o té*

colarse en una fiesta = llegar sin ser invitado

colarse en el cine = entrar sin pagar

○ Todos, de pie, preguntan a varios compañeros

A: ¿Alguna vez te has colado en algún lugar?

B^1: Sí, una vez *me colé* en la fila del autobús.

B^2: Sí, muchas veces *me he colado* en la fila del autobús.

1. ____________ se ____________ en ______________________________.
2. ____________ se ____________ en ______________________________.

colar(se) – 허가없이 몰래 들어가다

PRESENTE	PRETÉRITO	SIMPLE	Y PERFECTO
(yo) me cuelo	me colé	-	me he colado
(tú) te cuelas	te colaste	-	te has colado
(él-ella) se cuela	se coló	-	se ha colado
(nosotros) nos colamos	nos colamos	-	nos hemos colado
(ellos) se cuelan	se colaron	-	se han colado

Colarse en la fila

Ese muchacho se coló en la foto de las amigas

3) Para leer en voz alta, todos junto con el profesor

¡Hay que cuidar nuestro mundo!

Hoy en día, nuestro planeta Tierra está cambiando por tantos problemas causados por las personas que no tienen conciencia. Entre los puntos más graves están la contaminación del agua y del aire, ¡dos elementos vitales para todos los seres vivos!

1. El agua

→ Hay algunos residuos (찌꺼기, 잔여물) en el agua que pueden ser mortales. Por ejemplo, el PLOMO (Pb납) en los desechos (폐기물) que las fábricas (공장) tiran a los ríos y al mar.

→ Hay miles de peces muertos por la contaminación del agua con químicos y con basura.

→ Muchas familias pobres no pueden comprar agua purificada (정화된) y toman agua SUCIA que lleva muchas bacterias que les provocan enfermedades.

→ El agua que toman las familias pobres sale de tuberías (수도관) que no tienen ningún control sobre la calidad del agua.

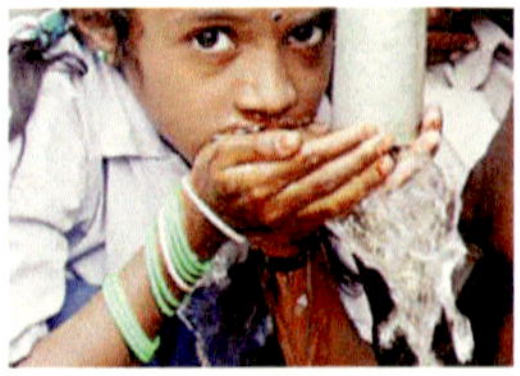

2. La basura en la naturaleza

→ La civilización produce demasiada basura. El empaque de muchos productos no siempre se recicla (재사용되다) y se convierte en un elemento contaminante de la naturaleza.

→ Mucha gente que sale de paseo al campo deja su basura tirada en el campo o en los parques, sin responsabilidad.

→ La basura es un peligro porque puede provocar incendios (화재), además de contaminar el medio ambiente.

→ La basura es un buen lugar para las cucarachas (바퀴벌레), las ratas (쥐) y otros animales que transmiten (전염시키다) graves enfermedades infecciosas.

3. El aire

→ El aire contaminado es un grave problema para el medio ambiente. Las emisiones (배출) de dióxido de carbono (이산화탄소) ponen en gran peligro al mundo, porque provocan (발생시키다) el "efecto invernadero" (온실 효과), aumentando la temperatura del planeta.

→ Los países y las regiones que más producen este contaminante (CO_2) son: Estados Unidos, China, Rusia y la Unión Europea.

→ Además del problema del "calentamiento global" (지구 온난화), está también la contaminación del aire que respiramos (숨을 쉬다) todos los días. El aire contaminado produce graves enfermedades respiratorias (호흡기의) que pueden provocar la muerte

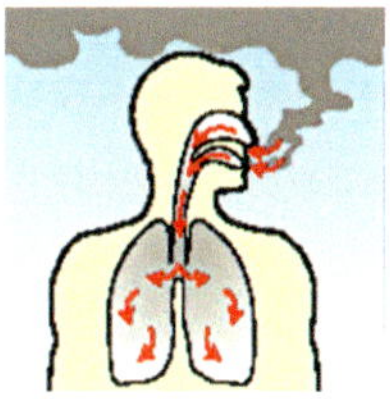

4. Ciudades contaminadas

→ Las grandes ciudades ofrecen muchas oportunidades para vivir mejor.

→ Y en la mayoría de los países del mundo, la gente prefiere vivir en las grandes ciudades por las ventajas que tiene vivir en la ciudad.

→ En las grandes ciudades están las mejores instituciones educativas, más centros culturales, más lugares de diversión.

→ Pero también, tienen más contaminación por basura y, especialmente, el aire es el más contaminado.

pulmones sanos ⟷ pulmones con humo (연기)

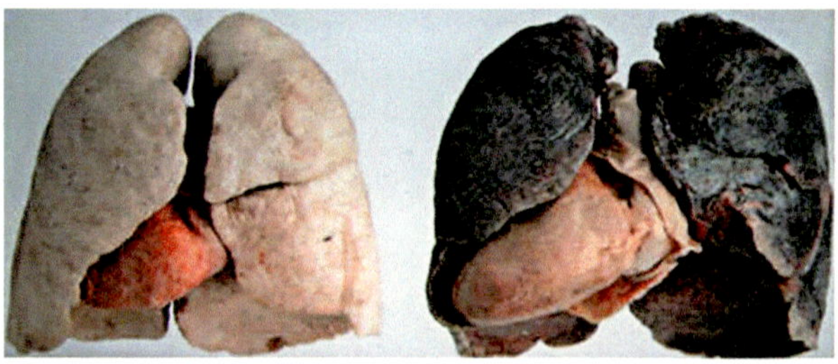

4) En equipos, primero van a escoger un elemento: AGUA o AIRE

1) ¿Qué piensan que debemos cuidar con mayor atención en la naturaleza, el AGUA o el AIRE?

a) *Cada compañero dice su elección a su equipo*

- Yo pienso que debemos cuidar más ___________ porque... ¿Y tú?

b) *El elemento que tenga más votos del equipo ganará, y entre todos prepararán la justificación* (정당화, 합리화) *para presentarla ante el grupo*

1. Nuestro equipo piensa que debemos cuidar más el ________, porque ______________________. En conclusión, es necesario que cuidemos más el ____.

... si el agua de todo el mundo llegara a contaminarse...
... si el aire estuviera demasiado contaminado, no podríamos respirar bien y...
... si todo el aire se contaminara, entonces, no habría oxígeno y...
... si se acabara el agua limpia en el mundo, no habría agua para...

c) *Cada equipo escoge a un compañero que pasará al frente para leer su conclusión*

5) En equipo, van a pensar algunas ideas

2) ¿Si pudieran, qué harían para cuidar el aire y el agua?

a) *Primero cada uno dice su idea, y luego escogen solamente una idea, la que les parezca mejor*

1. Si pudiera, *yo* **prohibiría** (금지시키다) ______________________________.

*Si pudiéramos, *nosotros* prohibiríamos ______________________________.

2. Si pudiera, *yo* **ordenaría** (명령하다) ______________________________.

*Si pudiéramos, *nosotros* ordenaríamos ______________________________.

3. Si pudiera, *yo* **pondría** (설치하다) ______________________________.

*Si pudiéramos, *nosotros* pondríamos ______________________________.

4. Si pudiera, *yo* **quitaría** (제거하다) ______________________________.

*Si pudiéramos, *nosotros* quitaríamos ______________________________.

5. Si pudiera, *yo* **inventaría** (발명하다) ______________________________.

*Si pudiéramos, *nosotros* inventaríamos ______________________________.

b) *Cada compañero de equipo pasará al frente para leer una de sus propuestas*

c) *Pasarán al frente los que leerán la propuesta número 1 de cada equipo, luego los de la núm. 2, y así sucesivamente*

6) La ecología. Habla con tus compañeros

ecología. (De *eco-* casa, y *–logía* – ciencia, estudio).

Defensa y protección de la naturaleza y del medio ambiente.

ELEMENTOS QUE CONTAMINAN

plomo - 납　　humo - 연기　　desechos - 폐기물　　basura - 쓰레기

residuos - 찌꺼기, 잔여물　　dióxido de carbono (CO_2) - 이산화탄소

1) ¿Hay otros elementos que también contaminen?

* *Se puede preguntar al profesor sobre vocabulario o consultar su diccionario, si el profesor lo permite*

1. ______________________________. 3. ______________________________.
2. ______________________________. 4. ______________________________.

2) ¿Qué vas a hacer tú para cuidar nuestro planeta?

EJEMPLO: Yo no voy a usar vasos de papel para tomar agua.

- Yo (no) voy a ____.

1. ____________, para cuidar la ecología (no) va a ______________________.
2. ____________, para cuidar la ecología (no) va a ______________________.
3. ____________, para cuidar la ecología (no) va a ______________________.
4. ____________, para cuidar la ecología (no) va a ______________________.

Lección 15

Las noticias en Internet

TEMA 15 Estilo indirecto en varios tiempos verbales

1) Saludo a mis compañeros

¿Cómo te sientes hoy?

- Hoy me siento bien, estoy contento/a, muy feliz...
- Hoy **no** me siento bien, estoy triste... / tengo sueño...

2) La frase del día

FRASE HECHA	SIGNIFICADO
14. Pasar una noche de perros. Ej: ¿Has pasado alguna noche de perros? - Una vez, pasé una noche de perros porque me dolía la cabeza.	Pasar una noche sin poder dormir bien, por algún malestar o molestia. 컨디션이 안 좋아서 밤을 꼬박 새다.

Todos, de pie, preguntan a varios compañeros

A: ¿Alguna vez has pasado alguna noche de perros?
B: Sí, el otro día pasé una noche de perros porque mis vecinos hicieron una fiesta.

1. ____________ pasó una noche de perros ______________________________.

2. ____________ pasó una noche de perros ______________________________.

porque...

me dolía la cabeza / mis vecinos hicieron una fiesta / un perro aulló toda la noche

mi compañero(a) de cuarto bebió mucho / mi compañero(a) de cuarto no apagó la luz / estuve enfermo(a) / viajé toda la noche

3) Las noticias en Internet

El estilo indirecto

CASO - 1. (예 - 1)	
Ana: Mi noticia **dice** que la economía mundial **está** en problemas.	Ana **dijo** que la economía mundial **estaba** en problemas.
PRESENTE ⟶	PRET. IMPERFECTO (~aba, ~ía, iba, era)

* El tiempo **presente** "está" *CAMBIA* al **imperfecto** "estaba"

PRESENTE	IMPERFECTO
es	era
juega	jugaba
come	comía
vive	vivía
ir	iba

* *Ejercicios. CASO 1* *Ver las respuestas en el anexo (p.195)

1. ANA: Mi noticia dice que los ciudadanos están trabajando para salir de la crisis.

→ Ana __**dijo**__ que los ciudadanos ____________ para salir de la crisis.

2. RAÚL: Mi noticia dice que los acuerdos caminan bien en Medio Oriente.

→ Raúl ____________ que los acuerdos ____________ bien en Medio Oriente.

3. LIDA: Mi noticia dice que el gobierno espera una rápida recuperación.

→ Lida ________ que el gobierno ____________ una rápida recuperación.

CASO - 2. (예 - 2)	
Juan: Mi noticia **dice** que el dólar **subió** en todo el mundo.	Juan **dijo** que el dólar **había subido** en todo el mundo.
PRETÉRITO SIMPLE ⟶	PLUSCUAMPERFECTO (había ~ado, ~ido)

∗ El tiempo **pretérito** "subió" CAMBIA al **pluscuamperfecto** "había subido"

PRETÉRITO	IMPERFECTO COMPUESTO
fue	había sido
jugó	había jugado
comió	había comido
vivió	había vivido

∗ *Ejercicios. CASO 2*

1. LUIS: Mi noticia dice que el acuerdo económico se firmó sin problemas.

→ Luis ________ que el acuerdo económico ____________ sin problemas.

2. LINA: Mi noticia dice que Corea ganó por 3 goles a cero al equipo favorito.

→ Lina ________ que Corea ____________ por 3 goles a cero al equipo favorito.

3. ESTELA: Mi noticia dice que ayer no hubo transporte público en Londres y que todo fue un caos.

→ Estela ________ que ayer no ____________ transporte público en Londres y que todo ____________ un caos.

CASO - 3. (예-3)	
Karla: Mi noticia **dice** que el dólar **subirá** más en todo el mundo."	Karla **dijo** que el dólar **subiría** más en todo el mundo.
FUTURO ⟶	CONDICIONAL SIMPLE (~ría)

* El tiempo **futuro** "subirá" CAMBIA al **condicional simple** "subiría"

FUTURO	CONDICIONAL SIMPLE
irá	iría
jugará	jugaría
comerá	comería
vivirá	viviría

* *Ejercicios. CASO 3*

1. LIZ: Mi noticia dice que el ministro se reunirá con los líderes de Corea del Norte.

→ Liz ________ que el ministro ____________ con los líderes de Corea del Norte.

2. ALAN: Mi noticia dice que Corea importará carne de res (소) de México.

→ Alan __________ que Corea _______________ carne de res de México.

3. JOSÉ: Mi noticia dice que no abrirán los supermercados de la zona 5.

→ José ________ que no ____________ los supermercados de la zona 5.

* *Para facilitar la comprensión de los tres modelos, se recomienda recortar la hoja que está en el anexo (p. 205), con los casos 1, 2 y 3. Así, el estudiante podrá tener en su mano los modelos sin tener que dar vuelta a las páginas en su libro*

4) Buscar una noticia actual que sea interesante sobre cualquier tema, pero debe estar en presente, pretérito simple o futuro del indicativo

a) *Revisar en cuál de los 3 CASOS anteriores está tu noticia*

1) ¿De qué trata mi noticia?

EJEMPLO: Mi noticia dice que la economía mundial está en problemas.

- Mi noticia dice que ________________________________.

2) ¿A qué CASO pertenece mi noticia?

- Mi noticia está en **tiempo presente**, es el CASO 1.
- Mi noticia está en tiempo ______________ y es el CASO ________.

PRESENTE - PASADO - FUTURO　　　　1 - 2 - 3

b) *Pregunta a tus compañeros y escribe 5 noticias cambiando a estilo indirecto*

3) ¿De qué trata tu noticia?

EJEMPLO: Ana: "Mi noticia **dice** que la economía mundial **está** en problemas."

1. Ana __**dijo**__ que la economía mundial **estaba** en problemas (CASO __**1**__)

1. __________ dijo que ________________________________
____(CASO ____)

2. ___________ dijo que ____

____(CASO ____)

3. ___________ dijo que ____

____(CASO ____)

4. ___________ dijo que ____

____(CASO ____)

5. ___________ dijo que ____

____(CASO ____)

c) *El profesor pregunta a algunos estudiantes para comprobar el ejercicio. También puede dejar de tarea que los revisen bien en casa, mirando el modelo*

5) Para practicar, cambia al estilo indirecto estas oraciones. Consulta tu hoja recortada con los 3 CASOS, para mayor facilidad

* Las respuestas están al final, en el anexo (p. 195)

1. Profesor: "Hoy no **hay** clases por la tarde." CASO (____)

→ El profesor ___________que hoy por la tarde no ___________clases.

2. Pablo: "El sábado pasado **bebí** toda la noche." CASO (____)

→ Pablo___________que el sábado pasado___________ toda la noche.

3. Alumno: "**Voy a dormir** hasta el mediodía." CASO (____)

→ El alumno ___________que ___________ hasta el mediodía.

4. Profesora: "Mañana no **habrá** práctica." CASO (____)

→ La profesora___________que mañana no___________ práctica.

5. Elena: "Yo **estudié** para mis dos exámenes." CASO (____)

→ Elena ____________ que ____________ para _____sus_____ dos exámenes.

6. Alumnos: "**Descansaremos** mucho el fin de semana." CASO (____)

→ Los alumnos ____________ que ____________ mucho el fin de semana.

7. Pancho: "El sábado pasado **fui** al cine con mi novia." CASO (____)

→ Pancho ________________ que ________________ al cine, el sábado pasado, con ________________ novia.

8. Amiga: "**Prefiero ir** al teatro con mi novio." CASO (____)

→ La amiga ___________ que ___________ al teatro con ____________ novio.

9. Profesora: "Les **daré** muy buenas calificaciones." CASO (____)

→ La profesora ___________que les ____________ muy buenas calificaciones.

10. Amigo: "Por fin **terminé** todos mis exámenes." CASO (____)

→ El amigo ____________ que por fin ____________ todos ________________ exámenes.

Lección 16

Conflictos mundiales

TEMA 16 Países y gentilicios

1) Saludo a mis compañeros

¿Cómo te sientes hoy?

- Hoy me siento bien, estoy contento/a, muy feliz...
- Hoy **no** me siento bien, estoy triste... / tengo sueño...

2) La frase del día

FRASE HECHA	SIGNIFICADO
15. Se me cruzaron los cables. Ej: ¿Alguna vez se te han cruzado los cables? - Una vez se me cruzaron los cables y me bañé con lentes.	Equivocarse en algo sin darse cuenta. 아무런 생각 없이 헷갈리다. 아무런 생각 없이 혼동하다.

cables cruzados

o Todos, de pie, preguntan a varios compañeros

A: ¿Alguna vez se te han cruzado los cables?
B: Sí, el otro día se me cruzaron los cables y me puse la camiseta al revés.

1. A ____________ se le cruzaron los cables y ___________________________.
2. A ____________ se le cruzaron los cables y ___________________________.

3) Los conflictos mundiales. Lectura en voz alta, todos junto con el profesor

conflicto. Combate, lucha, pelea. Enfrentamiento (대결) armado. Problema, cuestión, materia de discusión (논쟁).

- Hoy en día, el mundo está lleno de conflictos de todo tipo.
- Hay numerosos conflictos armados. Por ejemplo, con los *iraquíes*, los *palestinos* y los *israelíes*...
- También hay conflictos sociales, como el problema de la frontera entre México y los Estados Unidos, ya que los *estadounidenses* no quieren que lleguen más *mexicanos*, ni *guatemaltecos*, ni *hondureños*, ni salvadoreños, ni *costarricenses*...
- En Europa, en estos días se vive un conflicto político y social por la llegada de los inmigrantes *africanos*.

o Todos, de pie, preguntan a varios compañeros

¿Qué otros conflictos mundiales tenemos en el mundo?

Otros conflictos mundiales:

1. ______________________________. 3. ______________________________.
2. ______________________________. 4. ______________________________.

4) Escribe primero tus respuestas, luego comenta y pregunta a tus compañeros

1) ¿Cuál conflicto te parece más grave hoy en día?

EJEMPLO: A mí me parece que el problema de los iraquíes es el más grave.

- A mí me parece que ________________________________ es el más grave.

____.

1. Mi compañero/a ____________ dijo que el conflicto más grave era _______

____.

2. Mi compañero/a ____________ dijo que el conflicto más grave era _______

____.

3. Mi compañero/a ____________ dijo que el conflicto más grave era _______

____.

2) ¿Si fueras secretario/a de la ONU (UN, 유엔), qué harías para acabar con los conflictos mundiales?

EJEMPLO: Si fuera Secretario/a de la ONU, ordenaría, prohibiría, daría, cerraría, quitaría...

- Si fuera Secretario/a de la ONU, ______________________________________.

1. Mi compañero/a __________ dijo que si fuera secretario/a de la ONU, _____

____.

2. Mi compañero/a __________ dijo que si fuera secretario/a de la ONU, _____

____.

3. Mi compañero/a __________ dijo que si fuera secretario/a de la ONU, _____

____.

5) Lectura en voz alta de los países y gentilicios siguientes

gentilicio. Relativo a la gente o a las naciones. Se dice de la procedencia u origen de las personas, según su región, ciudad o país natal. Por ejemplo: *coreano/a, mexicano/a*

Asunción – asunceno/a (capital de Paraguay)
Australia – australiano/a

Bagdad – bagdadí (capital de Iraq)
Barcelona – barcelonés/a (España)
Berlín – berlinés/a (capital de Alemania)
Bolivia – boliviano/a
Brasil – brasileño/a
Buenos Aires – porteño/a (capital de Argentina)

Canadá – canadiense
Caracas – caraqueño/a (capital de Venezuela)
Cataluña – catalán/a (España)
Corea del Norte – norcoreano/a
Corea del Sur – surcoreano/a
Costa Rica – costarricense

Dinamarca – danés/a

Ecuador – ecuatoriano/a
Egipto – egipcio/a
España – español/a
Estados Unidos - estadounidense

Galicia – gallego/a (España)
Guadalajara – tapatío/a (México)

India – indio/a // hindú
Inglaterra – inglés/a
Irán - iraní
Iraq – iraquí
Israel – israelí
Islas Canarias – canario/a (España)

Jerusalén – jerosolimitano/a (capital de Israel)

La Habana – habanero/a (capital de Cuba)
Líbano – libanés/a
Lima – limeño/a (capital de Perú)
Londres – londinense (capital del Reino Unido)

Madrid – madrileño/a (capital de España)
Manchuria – manchú (China)
México – mexicano/a
Mongolia – mongol/a
Moscú – moscovita (capital de Rusia)

Nicaragua – nicaragüense
Nueva Zelanda – neozelandés/a

Palestina – palestino/a
Panamá – panameño/a
Paraguay – paraguayo/a
París – parisiense (capital de Francia)
La Paz – paceño/a (capital de Bolivia)
Pekín – pekinés/a (capital de China)
Perú – peruano/a
Polonia – polaco/a
Puerto Rico – puertorriqueño/a

Salamanca – salmantino/a (España)
El Salvador – salvadoreño/a
Santiago de Chile – santiaguino/a

Valencia – valenciano/a (España)
Venezuela – venezolano/a
Vietnam - vietnamita

* *Completa correctamente*

1. Los ____________________ nacieron en Nueva Zelanda.
2. Los ____________________ nacieron en la capital de Chile.

3. Los ______________________ nacieron en Nicaragua.

4. Los ______________________ nacieron en la ciudad de Buenos Aires.

5. Los ______________________ nacieron en Guadalajara.

* *bonaerense: gentilicio de la provincia de Buenos Aires*
* *parisino/a: gentilicio de París, junto con parisiense*
* *¡Vamos a jugar a "La campana dorada" (Golden Bell)!*

a) Se divide al grupo en equipos de 3 o 4 alumnos.
b) Se entregan hojas blancas y un marcador a cada equipo, para que escriban las respuestas.
c) En cada pregunta, deberá escribir un compañero diferente, cambiando de turno. El que escribe levanta la hoja con la respuesta.
d) El profesor dirá una pregunta con esta forma: *"¿Cómo se llama el que nació en Nicaragua?"*
e) El equipo deberá escribir el gentilicio correcto y levantarlo rápidamente. Si levanta primero el nombre, bien escrito, ganará dos puntos, y los equipos que levanten después pero que también estén correctos, ganarán un punto. El equipo que tenga más puntos, ¡ganará!

6) Otro significado de "conflicto"

conflictivo/a. adj. Que origina conflicto.
Que busca problemas con los demás.

* *Pregunta a tus compañeros*

1) ¿Conoces a alguien conflictivo/a?

EJEMPLO: Sí, tengo una prima / un amigo, que le gusta crear problemas.

- Sí, (yo) tengo ______________________ (muy /un poco) conflictivo/a

1. ________________ tiene/conoce a un/a ________________conflictivo/a.
2. ________________ tiene/conoce a un/a ________________conflictivo/a.
3. ________________ tiene/conoce a un/a ________________conflictivo/a.

1. ____________________________________ no conoce a nadie conflictivo/a.
2. ____________________________________ no conoce a nadie conflictivo/a.
3. ____________________________________ no conoce a nadie conflictivo/a.

2) ¿Cómo piensas que eres, conflictivo/a o pacífico/a?

* *Lo contrario de conflictivo es pacífico/a, tranquilo/a*

- Yo pienso que soy ______________________________________.

1. Mi compañero/a __________________ dijo que era __________________.
2. Mi compañero/a __________________ dijo que era __________________.
3. Mi compañero/a __________________ dijo que era __________________.

* *El profesor pregunta a algunos estudiantes sus respuestas*

Lección 17

Las buenas noticias

TEMA 17 Comunicación en equipo: preparación de un noticiario

1) Saludo a mis compañeros

¿Cómo te sientes hoy?

- Hoy me siento bien, estoy contento/a, muy feliz...
- Hoy **no** me siento bien, estoy triste... / tengo sueño...

2) La frase del día

FRASE HECHA	SIGNIFICADO
16. Como pez en el agua. Ej: ¿Disfrutas haciendo algo en especial? - Cuando juego futbol, me siento como pez en el agua.	Disfrutar, sentirse muy bien haciendo algo o estando en algún lugar. 물만난 고기처럼 기쁘게.

○ Todos, de pie, preguntan a varios compañeros

A: ¿Disfrutas haciendo algo en especial?
B: Cuando bailo salsa, me siento como pez en el agua.

1. ____________ se siente como pez en el agua cuando ____________________.
2. ____________ se siente como pez en el agua cuando ____________________.

3) Las buenas noticias

En todos los noticiarios escuchamos
por lo general malas noticias,
pero también existen
¡las buenas noticias!

noticiario. Programa de radio, cine o televisión en que se dan, generalmente ilustradas, noticias de actualidad.

* La palabra *"noticiero"* se usa con el mismo sentido que *"noticiario"* en algunos países. *"Noticiero"* es cualquier persona o medio que da noticias, y *"noticiario"* es concretamente el programa que transmite noticias por los medios de comunicación.

A. *Organizar la presentación de un **noticiario**, en equipos de 4 personas*

a) Cada compañero busca una buena noticia en Internet o en el periódico. También puede ser ficticia (inventada)

b) Pensar un nombre simpático para su NOTICIARIO

c) Cada compañero/a escribe su noticia en un máximo de 4 líneas, con palabras sencillas; decir lo más importante solamente usando el formulario de la página 207

d) Cada compañero/a debe presentar su propia noticia

e) Se preparan algunas mesas del salón al frente, a manera de un noticiario de televisión. Pasará cada equipo, según su turno

f) Mientras los compañeros presentan sus noticiarios, todos los demás escribirán el TEMA de las noticias presentadas, como una SÍNTESIS INFORMATIVA, en el formulario de la página 208

B. *PARA PREPARAR EL NOTICIARIO conviene usar la hoja del anexo* (p. 207) *que tiene este mismo formulario*

Nombre del noticiario:
1. ¡Buenos días! Comenzamos con una muy buena noticia sobre...
2. Seguimos ahora, con una buena noticia acerca de
3. Tenemos ahora una excelente noticia acerca de
4. Finalmente, una magnífica noticia sobre Muchas gracias y ¡hasta pronto! ¡Que tengan un muy buen día!

niños genios

artistas que enseñan

niños felices

C. *Para escribir la síntesis informativa, usaremos frases que inicien con un artículo definido o indefinido, como en los ejemplos siguientes*

* *Leer todos los ejemplos, junto con el profesor, para tener una mejor idea de cómo se debe registrar el tema de las noticias*

SÍNTESIS INFORMATIVA

Mi compañero/a habló de

- *los* juegos tradicionales para los niños de hoy en día
- *los* avances de la ciencia para curar
- *los* artistas que dan dinero a los pobres

- *un* nuevo experimento científico hecho por un niño coreano
- *una* exposición de cerámica tradicional
- *un* nuevo invento de tecnología

- *los* países que buscan la paz
- *una* nueva ley que apoya a los estudiantes
- *los* esfuerzos para conservar nuestro planeta

- *una* persona que se ganó el gran premio de Lotería
- *la* ayuda que mandó Corea para los países pobres
- *del* equipo de futbol que ganó el Campeonato Mundial

SÍNTESIS INFORMATIVA

* Conviene usar la hoja del anexo (p, 208) que tiene este mismo formulario
* La hoja para recortar tiene este formulario y el de la preparación del noticiario
* La hoja se entregará al profesor al final de la clase para corregir lo necesario y después reescribir la síntesis aquí, ya sin errores
* Escoger solamente 10 noticias, las que tú prefieras (pero no deben ser las de tu equipo)

compañero/a *TEMA*

1. ____________ habló de ______________________________________.
2. ____________ habló de ______________________________________.
3. ____________ habló de ______________________________________.
4. ____________ habló de ______________________________________.
5. ____________ habló de ______________________________________.
6. ____________ habló de ______________________________________.
7. ____________ habló de ______________________________________.
8. ____________ habló de ______________________________________.
9. ____________ habló de ______________________________________.
10. ____________ habló de ______________________________________.

Lección 18

Qué dicen los demás

TEMA 18 Estilo indirecto con pronombres relativos

1) Saludo a mis compañeros

¿Cómo te sientes hoy?

- Hoy me siento bien, estoy contento/a, muy feliz...
- Hoy **no** me siento bien, estoy triste... / tengo sueño...

2) La frase del día

FRASE HECHA	SIGNIFICADO
17. Pagar los platos rotos Ej: ¿Alguna vez has tenido que pagar los platos rotos? - Una vez me castigaron por culpa de (...의 잘못으로) mi compañero.	Recibir un castigo injustamente. 부당하게 벌을 받다.

pagar los platos rotos

○ Todos, de pie, preguntan a varios compañeros

> **A: ¿Alguna vez has tenido que pagar los platos rotos?**
> B: Sí, una vez me castigaron por culpa de mi amigo.

1. ____________ una vez, pagó los platos rotos por culpa de ______________.
2. ____________ una vez, pagó los platos rotos por culpa de ______________.

3) Qué dicen los piratas (해적), y qué dicen los demás

* Los **piratas** eran personas que se dedicaban a robar barcos en el mar.

* Actualmente, también se les llama piratas a los que copian **ilegalmente** películas, programas de Internet, etcétera.

los piratas

* Aquí estudiaremos de nuevo los tres casos de estilo indirecto que ya conocemos, más uno nuevo cuando hay pronombres relativos en las oraciones.

* Las respuestas están al final, en el anexo (p. 196)

CASO - 1.	
Pirata: "¿De dónde **vienen** ustedes?"	El pirata ***les*** preguntó que de dónde **venían** ellos.
PRESENTE ⟶	PRET. IMPERFECTO (~aba, ~ía, iba, era)

* Recortar la hoja del anexo (p. 209), para facilitar el ejercicio

1. Carmen: "Aquí **pasa** algo raro."

→ Carmen ____________ que allí ____________ algo raro.

2. Pasajeros: "El barco **es** un poco incómodo."

→ ______ pasajeros ____________ que el barco ____________ un poco incómodo.

3. Pirata: "¡Todos **deben estar** en silencio!"

→ ______ pirata ____________ que todos (ellos) ____________ en silencio.

CASO - 2.	
Hombre: "Yo no **maté** (죽이지 않았어) al capitán."	El hombre dijo que él no **había matado** al capitán.
PRETÉRITO SIMPLE →	PLUSCUAMPERFECTO (había ~ado, ~ido)

1. Lulú: "Mis padres ya **enviaron** el dinero del rescate."

→ Lulú ____________ que ____________ padres ya ____________ el dinero del rescate.

2. Karla: "**Terminé** la carta para el alcalde, anoche se **transmitió** por telégrafo."

→ Karla ____________ que ____________ la carta para el alcalde, y **que** anoche se____________ por telégrafo.

3. Lucía: "No **me gustó** nada la mirada del pirata viejo."

→ Lucía ____________ que no ____________ ____________ nada la mirada del pirata viejo.

CASO - 3.	
Pirata: "Los **llevaré** a Egipto."	El pirata ***les*** dijo *que* los **llevaría** a Egipto.
FUTURO →	CONDICIONAL SIMPLE (~ría)

1. Juan: "**No encontraré** otra amiga como **tú**."

→ Juan ______ ______ que no____________ otra amiga como ____________.

2. Noticias: "El barco pirata **llegará** mañana a las costas de Egipto."

→ ______ noticias ____________ que el barco pirata ____________ mañana a las costas de Egipto.

3. Policía: "La operación de rescate **será** en la entrada del puerto."

→ ______ Policía ____________ que la operación de rescate ____________ en la entrada del puerto.

* *Ejercicios.*

1. Lina: "El niño **pasó** la noche con fiebre." CASO (____)

→ Lina ______ que el niño ____________ la noche con fiebre.

2. Doctor: "**Suspenderé** el tratamiento, porque mañana **nos rescatará** la Policía." CASO (____)

→ ______ doctor ____________ que ____________ el tratamiento, porque mañana ____________ ____________ la Policía.

3. Rafael: No **pude** avisar a mi familia, porque no **tiene** dinero. CASOS (____) y (____)

→ Rafael ______ que no ____________ avisar a ______ familia, porque no ____________ dinero.

4) Estilo indirecto con pronombres relativos

PRONOMBRES RELATIVOS * Se escriben con acento cuando preguntamos						
qué	dónde	cuándo	cuánto	cómo	quién	cuál

* *El esquema siguiente muestra el modelo para el cambio a estilo indirecto en oraciones con pronombre relativo*

• **¿Dónde *está* tu casa?**

Me preguntó *que* **dónde *estaba*** mi casa.

subordinante

{ - *PRESENTE* / *está → estaba* }

CASO (1)

* *Primero, escribe las preguntas que tú harás a tus compañeros*

* *Después, pregunta a tus compañeros siguiendo estos modelos, y escribe solamente ¡qué te preguntaron a ti!*

1. **¿Qué...?** || Ej: ¿**Qué** desayunaste? - Me preguntó (*que*) qué había desayunado

→ PARA PREGUNTAR A OTRO/A COMPAÑERO/A: ¿**Qué** ________________?

• ____________ me preguntó (*que*) ____________________________________.

2. **¿Dónde...?** || Ej: ¿**Dónde** está tu casa? - Me preguntó *que* dónde estaba mi casa.

→ PARA PREGUNTAR A OTRO: ¿**Dónde** ______________________________?

• ____________ me preguntó *que* ____________________________________.

3. **¿Cuándo...?** || Ej: ¿**Cuándo** fuiste al cine? - Me preguntó que cuándo había ido al cine.

→ PARA PREGUNTAR A OTRO: ¿**Cuándo** ______________________________?

• ____________ me preguntó *que* ____________________________________.

4. ¿**Cuánto...?** || Ej: ¿**Cuánto** cuesta tu reloj? - Me preguntó que cuánto costaba mi reloj.

→ PARA PREGUNTAR A OTRO: ¿**Cuánto** ______________________________?

• ____________ me preguntó *que* ____________________________________.

5. **¿Cómo...?** || Ej: ¿**Cómo** te sientes hoy? - Me preguntó *que* cómo me sentía hoy.

→ PARA PREGUNTAR A OTRO: ¿**Cómo** ________________________________?

• ____________ me preguntó *que* ______________________________________.

6. **¿Quién...?** || Ej: ¿**Quién** vive contigo? - Me preguntó *que* quién vivía conmigo.

→ PARA PREGUNTAR A OTRO: ¿**Quién** ________________________________?

• ____________ me preguntó *que* ______________________________________.

7. **¿Cuál...?** || Ej: ¿**Cuál** música prefieres? - Me preguntó *que* cuál música prefería.

→ PARA PREGUNTAR A OTRO: ¿**Cuál** ________________________________?

• ____________ me preguntó *que* ______________________________________.

* *Leer en voz alta, junto con el profesor, este caso especial*

PERO... Cuando **no** hay **pronombre relativo**, entonces debemos usar la conjunción **'si'** (sin acento) y, con el verbo *"preguntar"* se puede usar 'que': *que si... = (que) si...*

• ¿***Tienes*** coche?

Me preguntó *que* **si** ***tenía*** coche.

- *PRESENTE*

tienes → *tenía*

CASO 1

8. **¿Tienes...?** || Ej: ¿**Tienes** perro en tu casa? - Me preguntó *que* **si** tenía perro en mi casa.

→ PARA PREGUNTAR A OTRO: ¿**Tienes** ________________________________?

• ____________ me preguntó *que* ______________________________________.

Lección
19

Mi tiempo libre

TEMA 19 Expresión oral: exposición sobre el tiempo libre

1) Saludo a mis compañeros

¿Cómo te sientes hoy?

- Hoy me siento bien, estoy contento/a, muy feliz...
- Hoy **no** me siento bien, estoy triste... / tengo sueño...

2) La frase del día

FRASE HECHA	SIGNIFICADO
18. Huele o sabe a rayos. Ej: ¿Conoces algo que huela o que sepa a rayos? - El queso fermentado huele a rayos.	Cuando algo huele o sabe muy mal. 매우 심한 악취가 나다. (뱉어버리고 싶을 정도로) 매우 맛없다.

¡...a rayos!

○ Todos, de pie, preguntan a varios compañeros

A: ¿Conoces algo que huela / que sepa a rayos?
B: Sí, los zapatos de futbol después de jugar **huelen a rayos**.

los calcetines sucios / el humo de cigarro / los zapatos de futbol
el ajo fermentado / el queso añejo / el baño público / el metro de París

1. ______________ dice que ______________ huelen / saben a rayos.
2. ______________ dice que ______________ huelen / saben a rayos.
3. ______________ dice que ______________ huelen / saben a rayos.

3) La exposición en clase

Mi tiempo libre

- El tiempo libre es el espacio que nos queda después de cumplir los deberes y las obligaciones de la rutina diaria.
- Hablar de ***mi tiempo libre*** significa hablar de mis pasatiempos, diversiones y formas de descanso.
- *Por lo tanto*, el trabajo, los estudios y las tareas no se consideran como actividades dentro del tiempo libre.

EXPOSICIÓN EN CLASE

1) **Duración**: 2 minutos
2) **Tema**: "*Mi tiempo libre*"
3) **Forma**: Hablar de tus actividades en tiempo ***PRESENTE***
4) **Imagen**: Se puede preparar UNA imagen en ∗PPT (Power Point) sobre la exposición
5) **Hay práctica escrita** sobre la exposición de los compañeros
6) **Por eso**, hay que estar en clase y **llegar puntualmente**

4) La práctica de audición consiste en escribir 2 cosas que tus compañeros dijeron que hacían en su tiempo libre

* *Para escribir la síntesis informativa, usaremos frases que inicien con un verbo en pretérito imperfecto* (jugaba, cantaba, bailaba, iba al cine, etc.), *como en los ejemplos siguientes*

EJEMPLO[1]: Ana dijo que, en su tiempo libre, **descansaba** en su casa **e iba** al cine.

EJEMPLO[2]: Juan dijo que, en su tiempo libre, **jugaba** al futbol **y salía a beber** con sus amigos.

El tiempo libre

* Conviene usar la hoja del anexo (p. 211) que tiene este mismo formulario
* La hoja recortada se entregará al profesor al final de la clase para corregir lo necesario y después reescribir la práctica sin errores en este espacio
* Escoger solamente a 10 compañeros, los que tú prefieras

compañero/a *2 cosas que hacía en su tiempo libre*

1. ____________ dijo que, en su tiempo libre, ____________ y ____________.
2. ____________ dijo que, en su tiempo libre, ____________ y ____________.
3. ____________ dijo que, en su tiempo libre, ____________ y ____________.
4. ____________ dijo que, en su tiempo libre, ____________ y ____________.
5. ____________ dijo que, en su tiempo libre, ____________ y ____________.
6. ____________ dijo que, en su tiempo libre, ____________ y ____________.
7. ____________ dijo que, en su tiempo libre, ____________ y ____________.
8. ____________ dijo que, en su tiempo libre, ____________ y ____________.
9. ____________ dijo que, en su tiempo libre, ____________ y ____________.
10. ____________ dijo que, en su tiempo libre, ____________ y ____________.

Lección
20 Cortesía y buenos modales

TEMA 20 Fórmulas de cortesía y etiqueta

1) Saludo a mis compañeros

¿Cómo te sientes hoy?

- Hoy me siento bien, estoy contento/a, muy feliz...
- Hoy **no** me siento bien, estoy triste... / tengo sueño...

2) La frase del día

FRASE HECHA	SIGNIFICADO
19. Mi talón de Aquiles. Ej: ¿Cuál es tu talón de Aquiles? - Mi talón de Aquiles son las Matemáticas.	Punto vulnerable o débil de alguien. 약점, 치명적인 약점, 아킬레스건

El talón de Aquiles

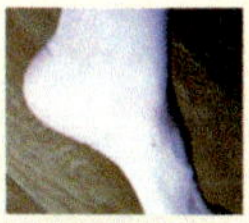

- Cuenta la leyenda que el padre de Aquiles era Peleo, rey de Tesalia, y su madre era Tetis, una ninfa (요정) del mar.
- Cuando Aquiles era niño, su madre lo sumergió (잠수하다) en la laguna Estigia, para que fuera inmortal.
- Pero al sumergir a Aquiles en el lago, su madre lo sujetaba por el talón.

- Entonces, todo su cuerpo se hizo inmortal, excepto el talón que no se había sumergido en el lago.
- Por eso, a nuestro punto débil se le llama "**talón de Aquiles**".

Todos, de pie, preguntan a varios compañeros

A: ¿Cuál es tu talón de Aquiles?

B: Mi talón de Aquiles son las Matemáticas, son muy difíciles para mí.

1. El talón de Aquiles de ____________ es/son ____________________________.
2. El talón de Aquiles de ____________ es/son ____________________________.

3) La cortesía en español. Lectura en voz alta, todos junto con el profesor

cortesía. (De *cortés*). Demostración o acto con que se manifiesta la atención, respeto o afecto que tiene alguien a otra persona.

- La cortesía tiene fórmulas que son generalmente *frases hechas* que se usan muy a menudo (자주) en la rutina diaria.
- Hay algunas muy localistas (한정된 지역에서만 사용하는) pero las más comunes son dos: por *favor* y *gracias*.
- La primera nos sirve cuando afirmamos al responder, por ejemplo: *¿Desea un refresco? Sí, por favor*, y la segunda se usa especialmente para negar con respeto: *¿Gusta que le sirva algo de tomar? No, gracias.*
- La cortesía en español incluye también el saludo que debe darse adonde lleguemos: *Buenos días. / Buenas tardes. / Buenas noches.*
- Es una primera manera de presentarse, especialmente cuando vamos a ese lugar por primera vez.

- También cuando nos crucemos con alguien (어떤 사람을 마주치다) en la escalera (계단), los pasillos (복도), el ascensor (엘레베이터) o al llegar con nuestros conocidos, es una muestra de educación y amabilidad saludar al llegar.
- También debemos recordar siempre las palabras: *perdón y disculpe*.
- Aunque la segunda nos sirve para justificarnos ante un error, también se usa cuando preguntamos algo, por ejemplo: *Disculpe, ¿hay alguna farmacia cerca de aquí?*
- La persona que usa las frases de cortesía proyecta su buena educación y, en el caso de los estudiantes coreanos, su amplio conocimiento de la cultura de los países hispanohablantes.
- Todas las guías de etiqueta señalan que cuando nos presentan a una persona, la fórmula más común es "encantado, encantada" o "es un placer", también su equivalente "mucho gusto". La respuesta por lo general es: "*igualmente*" o "*tanto gusto*".
- En todos los países de cultura hispana, al saludar se estrecha la mano suavemente pero con seguridad.
- En la mayoría de los países de América Latina, si se tiene confianza o entre mujeres aunque sea la primera vez, se da un beso. En España, como en otros países europeos, se dan dos besos.
- Si el saludo se da entre personas que tenían tiempo sin verse, es frecuente que se den un abrazo, como muestra de afecto y de bienvenida.
- **En resumen tendríamos:**

  Al presentarse
  - Mucho gusto, tanto gusto, encantado(a).
  - Es un placer conocerlo(a) / conocerte. Igualmente.

  Para despedirse
  - Ha sido un placer. Que pase(s) buenas noches.
  - Lo he pasado muy bien. Gracias. Que pase(s) buenas tardes / noches / buenos días.
  - Muchas gracias por todo. Estoy muy agradecido(a).

  Para disculparse o preguntar algo
  - Perdón, no vi tu mochila. Lo siento.

Disculpe, me puede orientar, por favor. No soy de aquí.

Perdona, me podrías decir dónde hay una farmacia por aquí.

4) Preparar un sencillo diálogo entre dos compañeros. El profesor distribuye los temas entre los equipos, luego de unos minutos lo representarán al frente del grupo

TEMA 1

ENTRE AMIGOS para saludarse después de años sin verse

A: ____________________

B: ____________________

A: ____________________

B: ____________________

TEMA 2

ENTRE DOS PERSONAS que no se conocen y que se encuentran por primera vez

A: ____________________

B: ____________________

A: ____________________

B: ____________________

TEMA 3

ENTRE MAYORES para disculparse por un pequeño accidente

A: ____________________

B: ____________________

A: ____________________

B: ____________________

5) Ejercicio para completar siguiendo el modelo. La propuesta está en indicativo y la respuesta negando con cortesía necesita el verbo en subjuntivo

* Ver las respuestas en el anexo (p.196)

Puedo ir al aeropuerto por ustedes, si lo desean.
INDICATIVO

No es necesario que **vayas** al aeropuerto por nosotros. Gracias.
SUBJUNTIVO

1. **Vendré** mañana para ayudarlos.
→ No hay necesidad de que ____________ mañana, gracias.

2. **Voy a preguntar** ahora cuándo llegarán por ustedes.
→ No es necesario que ____________ ahora. Esperaremos un momento más, ____________.

3. **Te cuidaré** a los niños mientras vas al hospital.
→ No es necesario que **me** ____________ a los niños, ____________. Vendrá mi mamá, ____________.

4. **Me cambiaré** de ropa, si te parece muy informal.
→ No es necesario que **te** ____________ de ropa. Así estás bien.

5. **Me iré** ahora para que descansen. Ya se ven cansados.
→ No hay necesidad de que ____________ ____________ tan pronto. Quédate un poco más.

6) Comenta con tus compañeros, ¿qué significan estas frases célebres? Después de escribir sus comentarios, un compañero del equipo pasará al frente del grupo para leerlo

1. "El hombre que es atento y cortés con un extranjero es realmente ciudadano del mundo."

Sir Francis Bacon (1561-1626) Filósofo y estadista británico

Esta frase nos enseña que...

2. "La educación y la cortesía abren todas las puertas."

Thomas Carlyle (1795-1881) Historiador, pensador y ensayista inglés

Esta frase nos enseña que...

3. "El que no sabe mostrarse cortés encontrará los castigos de la soberbia (거만)."

Fedro (15 a.C.-50) Fabulista latino

Esta frase nos enseña que...

Lección 21

Para pedir y ordenar

TEMA 21 Modo imperativo y condicional simple de indicativo

1) Saludo a mis compañeros

¿Cómo te sientes hoy?

- Hoy me siento bien, estoy contento/a, muy feliz...

2) La frase del día

FRASE HECHA	SIGNIFICADO
20. En dos patadas. Ej: ¿Qué puedes hacer en dos patadas? - Puedo preparar un pastel en dos patadas.	Con facilidad, sin mucho esfuerzo. 쉽게 별로 힘들이지 않고

una patada

dos patadas...

* *Este maestro de arte marcial, cinta negra, no tiene ninguna dificultad para dar dos patadas en unos segundos*

o Todos, de pie, preguntan a varios compañeros

> **A: ¿Qué puedes hacer en dos patadas?**
> B: Puedo hacer / preparar sopa de kimchi en dos patadas.

1. ______________________ puede ______________________ en dos patadas.
2. ______________________ puede ______________________ en dos patadas.

3) El modo imperativo y la cortesía. Lectura en voz alta, todos junto con el profesor

Tres modos para conjugar los verbos en español

1. El modo *INDICATIVO*, que expresa el tiempo real que vivimos {**5 tiempos**}
2. El modo *SUBJUNTIVO*, que expresa de manera subjetiva el tiempo {**3 tiempos**}
3. El modo ***IMPERATIVO***, que expresa órdenes y peticiones
   → No tiene tiempos, es un modo de hablar en el momento
   y solamente se puede usar en 2 personas {**tú** (vos) **y ustedes** (vosotros)}

MODO IMPERATIVO - venir

ven (tú) / vení (vos)
vengan (ustedes) / venid (vosotros)

* *En estos casos, se trata de una orden y solo se puede decir a nuestros amigos o a nuestros menores*
* *Entre dos compañeros, escribir dos ejemplos más sin olvidar la fórmula mínima de cortesía:* "por favor"

EJEMPLO: **Ven** acá, **por favor**. / Ustedes, **vengan** conmigo, **por favor**.

1. Ana, **ven** ________________________________, por ____________.
2. Muchachos, **vengan** ________________________, por ____________.

MODO IMPERATIVO - decir

di (tú) / decí (vos)

digan (ustedes) / decid (vosotros)

(tú) di + me (a mí)	→ *dime*	'<u>decir</u>' se usa más con pronombres
(tú) di + le (a él/a ella)	→ *dile*	
(tú) di + les (a ellos)	→ *diles*	
(ustedes) digan + me (a mí)	→ *díganme*	
(ustedes) digan + le (a él/a ella)	→ *díganle*	
(ustedes) digan + les (a ellos)	→ *díganles*	

* *Escribir dos ejemplos más, junto con tu compañero/a*

EJEMPLOS: Por favor, ***dime*** tu número de teléfono. / Por favor, ***dile*** a Luis que voy enseguida.

1. Por ___________, (DECIR-imperativo) __________ ______________.
2. Por ___________, (DECIR-imperativo) __________ ______________.

MODO IMPERATIVO - dar

da (tú) / da (vos)

den (ustedes) / dad (vosotros)

(tú) da + me (a mí)	→ *dame*	<u>dar</u> se usa más con pronombres
(tú) da + le (a él/a ella)	→ *dale*	
(tú) da + les (a ellos)	→ *dales*	
(ustedes) den + me (a mí)	→ *denme*	
(ustedes) den + le (a él/a ella)	→ *denle*	
(ustedes) den + les (a ellos)	→ *denles*	

* *Escribir dos ejemplos más, junto con tu compañero*

EJEMPLOS: **Dame** tu hoja, por favor. / Por favor, **denme** su tarea.

1. Por ___________, (DAR-imperativo) ___________ ___________________.
2. Por ___________, (DAR-imperativo) ___________ ___________________.

4) Ejercicio: para pedir algo entre amigos, 3 fórmulas iguales

* Ver las respuestas en el anexo (p.196)

EJEMPLO: Dame agua, quiero agua. (*sin cortesía*)

a) Dame agua, por favor. (*con cortesía*)

b) Por favor, dame agua, ¿si? (*mejor que la anterior en cortesía*)

* "si" **no** lleva acento

c) ¿Me das agua, por favor? (*la más cortés entre amigos*)

1. Dime tu nombre.

a) ___________________________

b) ___________________________

c) ___________________________

2. Dime qué hora es.

a) ___________________________

b) ___________________________

c) ___________________________

3. Dame más *kimchi*.

a) ___________________________

b) ___________________________

c) ___________________________

4. Dame tu tarea.

a) ___________________________

b) ___________________________

c) ___________________________

5) Una 'forma amable' del verbo: el condicional simple. Dos compañeros leen este diálogo al frente del grupo

ENTRE AMIGOS para preguntar

A: Disculpa, ¿este libro es tuyo?
B: Sí, es mío, ¿por qué?
A: ¿Me lo ***podrías*** prestar, por favor?
B: Lo siento, pero lo necesito ahora. ***Podría*** prestártelo otro día.
A: ¡Perfecto! Te agradezco mucho.

PODER	...할 수 있다	*condicional simple ...ría*
yo pod**ría**		nosotros pod**ríamos**
tú pod**rías**		ustedes pod**rían**
él pod**ría**		ellos pod**rían**

* *Lectura en voz alta, todos juntos*

- El **condicional simple** tiene varias funciones.
- Una de ellas nos sirve para hablar con cortesía.
- En español se usa esta forma para hacer una petición con más cortesía.
- Elimina el imperativo y el tono de orden, suavizando la petición.

EJEMPLO: **Dame** agua (IMPERATIVO)
→ **¿Podrías** darme agua? (CONDICIONAL SIMPLE)

* *Cambiar la petición por una forma con más cortesía, usando el condicional simple*

1. Recoge tus cosas. → ______________________________.
2. Guarda silencio. → ______________________________.
3. Quiero más kimchi. → ______________________________.
4. Quiero una habitación doble. → ¿Podría **darme** ______________________?

* *"querría" no se usa, o muy poco*

6) El modo imperativo y su cambio al estilo indirecto

Juan: **"Ana, recoge los libros"**

ESTILO INDIRECTO: Juan ***le*** dijo ***a Ana*** que **recogiera** los libros

→ *objeto indirecto (dos veces)*

* El modo **imperativo** "***recoge***" CAMBIA al **pretérito de subjuntivo** "***recogiera***"

* *Leer en voz alta los ejemplos de doble objeto indirecto, usual en este caso del imperativo*

OBJETO INDIRECTO (dos veces)

- *me* dijo *a mí*
- *te* dijo *a ti*
- *le* dijo *a él* – *a ella* – *a Ana* – *a Juan* – *a la muchacha* – *a la niña*
- le dijo ***al*** – (***a***) + (***el***) = ***al*** *bebé* – ***al*** *señor* – ***al*** *muchacho* – ***al*** *niño*
- *nos* dijo *a nosotros* – *a todos*
- *les dijo a los demás* – *a los encargados* – *a los muchachos* – *a ellos*

ESTILO INDIRECTO

CASO - 4.	
Juan: "*Ana*, recoge los libros."	Juan *le* dijo *a Ana* que recogiera los libros.
MODO IMPERATIVO →	PRETÉRITO de SUBJUNTIVO (~ara, ~era)

* Ver las respuestas en el anexo (p.197)

* *Ejercicios. CASO 4*

1. Maestro: "**Muchachos, abran** sus libros."

→ El maestro ***les*** dijo ***a los muchachos*** que ____________ sus libros.

2. Teresa: "Pedro, pasa por mí, por favor."

→ Teresa ***le*** dijo ____________ que ____________ por ________, por favor.

3. Mamá: "Niños, arreglen su mochila."

→ La mamá ____________ dijo ***a los niños*** que ____________ su mochila.

4. Niño: "Mamá, **dame** un dulce."

→ El niño ____________ dijo **a su** ____________ que ____________ un dulce.

5. Mamá: "Primero **toma tu** leche."

→ La mamá ____________ dijo que primero ____________ ________ leche.

Lección

22

Experiencias de viajes

TEMA 22 Pretérito perfecto

1) Saludo a mis compañeros

¿Cómo te sientes hoy?

- Hoy me siento bien, estoy contento/a, muy feliz...
- Hoy **no** me siento bien, estoy triste... / tengo sueño...

2) La frase del día

FRASE HECHA	SIGNIFICADO
21. Morderse la lengua. Ej: ¿Alguna vez te has mordido la lengua? - Una vez me mordí la lengua y no hablé para evitar un problema mayor.	Contenerse y no hablar lo que quisiera decir cuando hay una injusticia. 부당한 일에 대하여 참고 말하지 않다.

Todos, de pie, preguntan a varios compañeros

A: ¿Alguna vez te has mordido la lengua para no hablar?
B: Sí, una vez me mordí la lengua porque no podía reclamar (따지다) mi calificación.

1. ____________ se mordió la lengua ______________________________.
2. ____________ se mordió la lengua ______________________________.

- A veces tenemos ganas de gritar ¡BASTA!, cuando hay alguna injusticia o cuando algo nos parece que no está bien...
- **Pero** cuando no podemos hablar, debemos **mordernos la lengua**

3) Para hablar de las experiencias de viajes. Lectura en voz alta, todos juntos

PRETÉRITO PERFECTO

(auxiliar) **HABER + PARTICIPIO del verbo**

	REGULAR	IRREGULAR
he	esperado	hecho
has	vivido	puesto
ha	estudiado	dicho
hemos	querido	visto
han	cantado	satisfecho

El pretérito perfecto expresa...

1. Un hecho que se acaba de verificar en el momento en que hablamos
   - *He hablado con el profesor y me ha dicho que...*

También se usa...

2. Cuando seguimos recogiendo los frutos de un hecho pasado
   - *Los griegos nos han dejado una gran cultura.*

Y para nuestra clase:

3. Cuando seguimos recordando con intensidad un hecho (un viaje) pasado
   - *He viajado por América Latina y ha sido inolvidable.*

* *En la línea del tiempo, la cercanía con el presente se puede apreciar mejor*

PRETÉRITO *estudié*	**PRETÉRITO PERFECTO** *he estudiado*
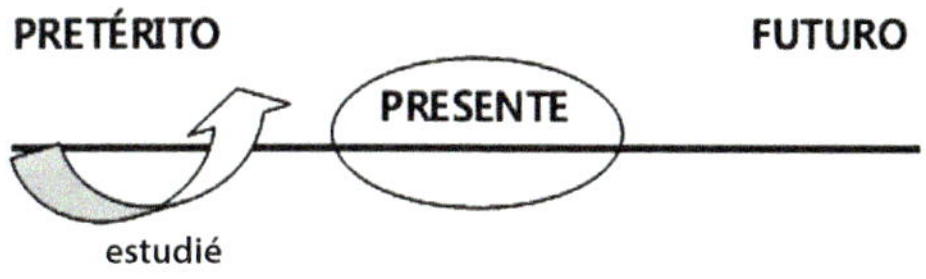	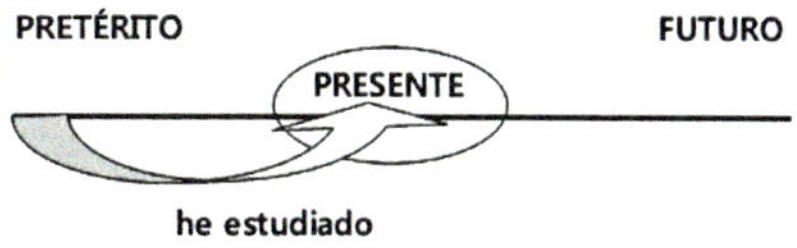

Para negar usando pretérito perfecto

1. En la primera parte se usa *NUNCA* y en la segunda, *NI*.
- *Nunca* he fumado
- *Nunca* he fumado, *ni* he pensado en hacerlo.

2. Otra forma es empezando con *NO* y terminando con *NUNCA*.
- No he fumado *nunca*.
- No he fumado *nunca*, ni he pensado en hacerlo

4) Primero escribe tus respuestas y luego pregunta a tus compañeros

1) ¿Adónde has viajado?, y ¿qué has conocido?

EJEMPLO: He viajado por Francia e Italia y he conocido París y Roma.

- He viajado a / por ____________ y he conocido ________________________.

1. ____________ viajó ____________ y conoció ____________________________.
2. ____________ viajó ____________ y conoció ____________________________.

He viajado **a** Madrid [= *un lugar específico*]

Ha viajado **por** Latinoamérica, **por** Europa [= *un recorrido*]

2) ¿Adónde has viajado?, y ¿qué has aprendido?

EJEMPLO: He viajado **a** Cuba y he aprendido a bailar salsa.

- He viajado a / por ____________ y he aprendido ________________________.

1. ____________ viajó ____________ y aprendió ________________________.
2. ____________ viajó ____________ y aprendió ________________________.

3) ¿Adónde has viajado?, y ¿qué has visitado?

EJEMPLO: He viajado por América Latina y he visitado todas las playas famosas.

- He viajado a / por ____________ y he visitado ________________________.

1. ____________ viajó ____________ y visitó ________________________.
2. ____________ viajó ____________ y visitó ________________________.

5) Ejercicio ¿Cuántas veces has hecho estas cosas?

- **He nadado** entre tiburones (상어들) ***dos veces / muchas veces***.
- **Nadé** entre tiburones ***una vez***.
- ***Nunca* he nadado** entre tiburones, ***ni*** he pensado en hacerlo.
- ***No* he viajado** a México ***nunca***, pero ***me gustaría*** hacerlo.

1. Viajar a Cuba: ________________________.
2. Esquiar en el mar: ________________________.
3. Subir al Everest: ________________________.
4. Preparar un pastel: ________________________.
5. Alquilar un coche: ________________________.

6. Ayudar a tus amigos: ______________________________.

7. Cuidar a un bebé: ______________________________.

8. Dormir en el metro: ______________________________.

9. Olvidar tu celular: ______________________________.

10. Dejar tu libro en casa: ______________________________.

Lección 23

Planes a futuro

TEMA 23 Condicional simple y compuesto

1) Saludo a mis compañeros

¿Cómo te sientes hoy?

- Hoy me siento bien, estoy contento/a, muy feliz...
- Hoy **no** me siento bien, estoy triste... / tengo sueño...

2) La frase del día

FRASE HECHA	SIGNIFICADO
22. A flor de piel. Ej: ¿Lloras con facilidad? ¿Te enojas fácilmente? ¿Te ríes con facilidad?	Cuando eres muy sensible y lloras, ríes o te enojas con facilidad. 감정이 매우 섬세한, 매우 쉽게 감정이 표출되는

* *El Diccionario de la Academia dice que "a flor de piel" es sinónimo de "sensible". Pregunta a tus compañeros*

A: ① **¿Lloras con facilidad?**

B: Sí, tengo [1]las lágrimas **a flor de piel.**

A: ② **¿Te enojas fácilmente?**

B: Sí, tengo [2]el coraje **a flor de piel.**

A: ③ **¿Te ríes con facilidad?**

B: Sí, tengo [3]la risa **a flor de piel.**

1. ____________ tiene ________________________________ a flor de piel.
2. ____________ tiene ________________________________ a flor de piel.
3. ____________ tiene ________________________________ a flor de piel.

3) ¿Adónde te gustaría viajar?

VIAJAR	condicional simple ...*ría*
viaja**ría**	viaja**ríamos**
viaja**rías**	viaja**rían**
viaja**ría**	viaja**rían**

* *Lectura en voz alta, todos juntos*

- Como dijimos en otra lección, el **condicional simple** tiene varias funciones.
- Una de ellas nos sirve para hablar con cortesía.
- Y en otra nos sirve como fórmula para expresar **un deseo.**

  EJEMPLO: ***¡Me gustaría** tanto ir a la fiesta!* (CONDICIONAL SIMPLE)

- En español, se usa también para expresar una oración condicional, que para realizarla necesitamos cumplir con otra que está en primer lugar.

  EJEMPLO: *Si pudiera, **viajaría** por toda Europa.* (ORACIÓN CONDICIONAL SIMPLE)

∗ *Responde primero y luego pregunta a tus compañeros*

¿Adónde te gustaría viajar?

EJEMPLO: (A mí) me **gustaría** viajar **a** Cancún. / (A mí) me **gustaría** viajar por México.

- (A mí) me **gustaría** viajar **a / por** ______________________________.

1. A __________ le **gustaría** viajar ______ ______________________.
2. A __________ le **gustaría** viajar ______ ______________________.
3. A __________ le **gustaría** viajar ______ ______________________.

4) Los planes a futuro. Para trabajar individualmente y luego por equipos

∗ Los planes a futuro se refieren, por una parte, a nuestro futuro posible.

∗ Pero también, a lo que hemos soñado con hacer, superando las condiciones que no nos permiten hacerlo ahora.

EJEMPLO: ***Si pudiera, viajaría a***... (ORACIÓN CONDICIONAL SIMPLE)

∗ *Primero, individualmente, escribe tus respuestas*

1. Piensa en un lugar muy **caro**:

→ Si pudiera, **viajaría** a ______________________________.

2. Piensa en un lugar muy **exótico** (이국적인):

→ Si pudiera, **viajaría** a ______________________________.

3. Piensa en un lugar muy **extraño**:

→ Si pudiera, **viajaría** a ______________________________.

∗ *Después, pregunta a tus compañeros de equipo*

∗ Escoger solamente una opción para presentarla al grupo.

1) **¿A qué lugar nos gustaría viajar que fuera muy caro?**

Nuestro equipo pensó que, si tuviéramos dinero,

viajaríamos a ____________________.

2) **¿A qué lugar nos gustaría viajar que fuera muy exótico (이국적인)?**

Nuestro equipo pensó que, si tuviéramos oportunidad,

viajaríamos a ____________________.

3) **¿A qué lugar nos gustaría viajar que fuera muy extraño?**

Nuestro equipo pensó que, si pudiéramos,

viajaríamos a ____________________.

5) Trabajar en equipos. Preparar un paquete de viaje como si fueran una agencia de viajes

* Utilizar imágenes para presentarlo ante el grupo.
* Todos los compañeros del equipo deben hablar un poco durante la presentación.
* El formulario para el paquete de viaje está al final, en el anexo, (p. 213)

EJEMPLO:

AGENCIA DE VIAJES: " La Mexicana "

¡Pase, pase a nuestra agencia! ¡Tenemos el mejor paquete para viajar en sus vacaciones! ¡Pase, pase!

a) Tenemos este paquete de promoción a Guadalajara, México

b) Dura 3 días / semanas.

c) Cuesta solamente doscientos cincuenta dólares.

d) Incluye todas las COMIDAS, 5 PASEOS, una CAMISETA de México, HOTEL de 5 estrellas (VIP), 3 ESPECTÁCULOS nocturnos.

e) Pasearemos por la bella ciudad de Guadalajara, la hermosa playa de Puerto Vallarta y subiremos al tren del recorrido "Tequila", por las haciendas donde se fabrica el famoso licor mexicano.

f) Nosotros nos encargamos de su VISADO.

g) Es muy buena opción porque nuestra agencia le ofrece, además, una botella de TEQUILA al llegar a México y transporte de lujo.

Lección 24

Comida y entremeses

TEMA 24 Tema cultural: variantes léxicas de gastronomía

1) Saludo a mis compañeros

¿Cómo te sientes hoy?

- Hoy me siento bien, estoy contento/a, muy feliz...
- Hoy **no** me siento bien, estoy triste... / tengo sueño...

2) La frase del día

FRASE HECHA	SIGNIFICADO
23. Antes de hacer nada, consúltalo con la almohada. Ej: ¿Alguna vez has consultado algo con la almohada? - Sí, antes de escoger carrera, lo consulté con la almohada.	Esperar un día más, antes de tomar una decisión importante. 중요한 결정을 할 때 하룻밤을 더 지내면서 심사숙고를 하다.

* *El* Diccionario de la Academia *dice que "consultar con la almohada" significa "meditar con el tiempo necesario algún negocio o alguna decisión". Pregunta a tus compañeros*

A: ¿Alguna vez has consultado algo con la almohada?
B: Sí, antes de_____________, lo consulté con la almohada.

1. ____________ consultó con la almohada antes de ____________________.

2. ____________ consultó con la almohada cuando ______________________.

antes de... comprar mi moto / de viajar a Europa / de entrar al club / escoger mi carrera

* *Pregunta a tus compañeros*

¿Qué cosas debemos consultar con la almohada?

Cuando vamos a...

1. ____.
2. ____.
3. ____.
4. ____.

3) Las comidas del día. Lectura en voz alta, todos junto con el profesor

• **desayunar / el desayuno**	→ **por la mañana**
✔ almorzar / el almuerzo	→ por la mañana o al mediodía
• **comer / la comida**	→ **por la tarde (después de las 12)**
✔ merendar / la merienda	→ por la tarde (alrededor de las 4)
• **cenar / la cena**	→ **por la noche**

desayuno. Alimento ligero que se toma por la mañana antes que ningún otro.

almuerzo. Comida abundante que se toma por la mañana. (América Latina)
Comida del mediodía o en las primeras horas de la tarde. (España)

* *Pregunta a tus compañeros*

¿Almuerzas o desayunas por las mañanas?

Por lo general, almuerzo / desayuno todos los días.

1. Mi compañero/a ____________ por lo general ________________________.
2. Mi compañero/a ____________ por lo general ________________________.
3. Mi compañero/a ____________ por lo general ________________________.

4) Lectura en voz alta, todos junto con el profesor

* En español, hay una amplia variedad de palabras para referirse a la comida.

* Un buen ejemplo son los entremeses que varían de nombre y de concepto, según el país.

entremés. (Del francés *entremets*)

Cada uno de los alimentos que se ponen en las mesas para picar de ellos mientras se sirven los platos, y que modernamente se suelen tomar antes de la comida. Se usa más en plural: entremeses

EJEMPLO: encurtidos, aceitunas, queso, jamón, etc.

a) **encurtidos**, aceitunas

En Corea, hay un encurtido muy famoso: el ______________________________

b) **rodajas** de **embutido**, **jamón**

En Corea, hay un embutido que se vende en todos los mercados: el ___________

botana.

En México. Aperitivo || Comida ligera.

aperitivo. (Del latín *aperitīvus*).
Que sirve para abrir el apetito. || Bebida que se toma antes de una comida principal. || Comida que suele acompañar a esta bebida.

pincho.
Porción de comida tomada como aperitivo, que a veces se atraviesa con un palillo.

tapa. (Quizá del gótico *tappa*).
Pieza que cierra por la parte superior cajas o recipientes. || Pequeña porción de algún alimento que se sirve como acompañamiento de una bebida.

tapa.

En Guatemala. palabrota.

tapa.

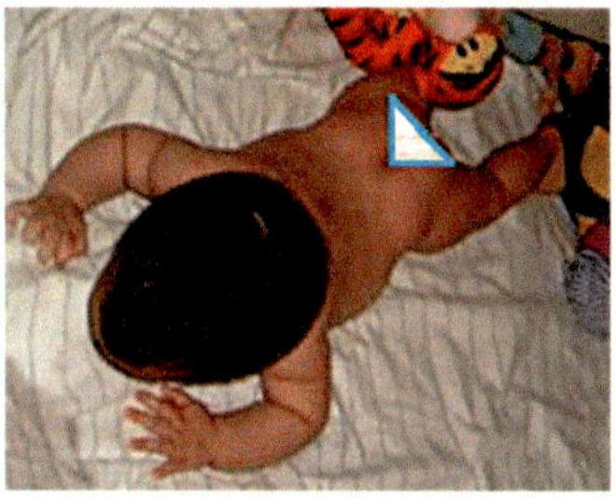

En Costa Rica. trasero /sentaderas (nalgas / pompis).

canapé. (Del francés *canapé*).
Porción de pan o de hojaldre cubierta con una pequeña cantidad de comida que se suele servir como aperitivo.

tentempié. (De *tente en pie*).
Refrigerio || Tomar un poco de alimento para recuperar fuerzas.

refrigerio. (Del latín *refrigerĭum*).
Un poco de alimento que se toma para reparar las fuerzas.

1) ¿Te gusta comer entre comidas?

- Sí, **me gusta mucho** comer entre comidas
- No, **no me gusta** comer entre comidas.

1. A mi compañero/a ____________ SÍ / NO le gusta comer entre comidas.
2. A mi compañero/a ____________ SÍ / NO le gusta comer entre comidas.
3. A mi compañero/a ____________ SÍ / NO le gusta comer entre comidas.

2) ¿Cuántas veces comes al día?

- Por lo general, como 4 o 5 veces al día.

1. Mi compañero/a____________ por lo general come ________veces al día.
2. Mi compañero/a____________ por lo general come ________veces al día.
3. Mi compañero/a____________ por lo general come ________veces al día.

3) ¿Cuál es tu comida fuerte del día?

- Mi comida fuerte es **al mediodía** // Mi comida fuerte es **la cena**

1. La comida fuerte de ____________, por lo general, es ___________________.
2. La comida fuerte de ____________, por lo general, es ___________________.
3. La comida fuerte de ____________, por lo general, es ___________________.

banquete. (Del francés *banquet*, y este del italiano *banchetto*). Comida a que concurren muchas personas para celebrar algún acontecimiento. || Comida espléndida.

un banquete

un bufé

bufé. (Del francés *buffet*). Comida, por lo general nocturna, compuesta de platos calientes y fríos, con que se cubre de una vez la mesa. || Mesa o conjunto de mesas donde, en reuniones o espectáculos públicos, se ofrecen estos platos.

4) ¿Qué prefieres, un banquete o un bufé?

- Prefiero un **banquete** / un **bufé**, porque hay más comida.

1. ____________ prefiere un ____________, porque ________________________.

2. ____________ prefiere un ____________, porque ________________________.

3. ____________ prefiere un ____________, porque ________________________.

4. ____________ prefiere un ____________, porque ________________________.

hay más comida	es más elegante	me siento más cómodo
hay más gente	es más divertido	puedo comer mejor
hay más variedad	es más interesante	puedo disfrutar más

5) Si organizaras una gran fiesta, ¿qué les ofrecerías a tus invitados, un banquete o un bufé?

- A mis invitados, les ofrecería un **banquete** / un **bufé**, porque...

1. ____________ ofrecería un ____________, porque ________________________.

2. ____________ ofrecería un ____________, porque ________________________.

3. ____________ ofrecería un ____________, porque ________________________.

4. ____________ ofrecería un ____________, porque ________________________.

Lección
25

Vinos y bebidas

TEMA 25 Vocabulario técnico de bebidas y licores

1) Saludo a mis compañeros

¿Cómo te sientes hoy?

- Hoy me siento bien, estoy contento/a, muy feliz...
- Hoy **no** me siento bien, estoy triste... / tengo sueño...

2) La frase del día

FRASE HECHA	SIGNIFICADO
24. Vérselas negras para hacer algo. Ej: ¿Alguna vez te las has visto negras? - Una vez me las vi negras porque me acabé el dinero del mes en una semana.	Tener mucha dificultad para hacer algo. 무언가를 하는데 심한 어려움을 갖다.

PRESENTE	PASADO	FUTURO
SE LAS **VE**	SE LAS **VIO**	SE LAS **VA A VER**
ME LAS **VEO**	ME LAS **VI**	ME LAS **VOY A VER**

NEGRAS

$$\frac{dX_{Aj}}{dt} = \frac{1+\beta_1 X_{Aj}}{1+\alpha_t X_{Aj}} \sum_{t=1}^{N+1} \beta_{jt} X_{At} + \frac{\beta_1 - \alpha_1}{(1+\alpha_1 X_{Aj})^2} \left(\sum_{t=1}^{N+1} A_{jt} X_{At} \right)^2 .$$

$$\frac{dX_{Aj}}{dt} = \alpha_2 X_A \frac{1}{\beta_2} \sum_{t=1}^{N+1} B_{jt} X_{At} + \frac{\alpha_2 X_{Aj}^{(1-\beta_{2t})/\beta_2}}{\beta_2} \left(\sum_{t=1}^{N+1} A_{jt} X_{At} \right)^2 .$$

Me las voy a ver negras con esta ecuación de tarea

Todos, de pie, preguntan a varios compañeros

A: ¿Alguna vez te las has visto negras para hacer algo?

B: Sí, me las vi negras para hacer un trabajo de Estadística.

1. ____________ se las vio negras para ______________________________.
2. ____________ se las vio negras para ______________________________.

3) Los tipos de vino y licores. Lectura en voz alta, junto con el profesor

licor. Bebida que se obtiene por destilación, y se compone de alcohol, agua, azúcar y esencias aromáticas variadas.

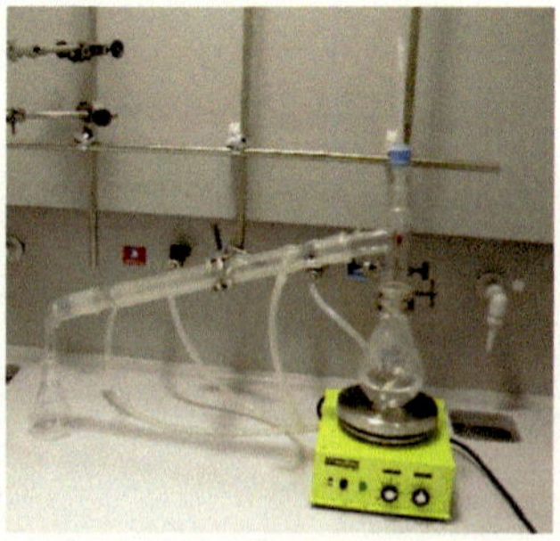
destilación

maguey azul de Jalisco

EJEMPLO: El **tequila**. (De *Tequila*, municipio del Estado de Jalisco, México). Bebida mexicana que se destila de una especie de maguey azul.

∗ A las otras bebidas destiladas del maguey, pero producidas fuera del área de Jalisco, se les llama **mezcal**.

vino. Bebida que se hace del jugo de las uvas o de otras frutas, **fermentado** naturalmente.

barriles para fermentar

EJEMPLO: El **vino tinto**. (Del latín *vinum*). Bebida alcohólica que se hace del zumo de las uvas exprimido y cocido naturalmente por la fermentación.

beber. Ingerir (tomar) un líquido. Brindar (‖ beber por la felicidad de alguien).
Hacer por vicio uso frecuente de bebidas alcohólicas.
No bebo.

degustar. (Del latín *degustāre*). Probar o **catar**, generalmente con deleite, alimentos o bebidas. Saborear y percibir con deleite otras sensaciones agradables. *Me invitaron a una degustación de vinos chilenos.*

catar. Probar, gustar algo para examinar su sabor o sazón. *Es un buen catador de vinos. Ana es buena catadora de quesos.*

añejar. (De *añejo*). Hacer añejo (viejo) algo. Dicho especialmente del vino y de algunos comestibles. Alterarse con el transcurso del tiempo para mejorarse (*como el kimchi*) o para deteriorarse (*echarse a perder*).

tipos de bebidas

- **coctel o cóctel**: bebida que mezcla varios licores y otros ingredientes
- **aperitivo**: bebida que se toma antes de la comida para abrir el apetito

- **anís**: aguardiente anisado
- **sangría**: bebida compuesta con vino, azúcar, limón y otros ingredientes
- **margarita**: coctel mexicano que mezcla tequila con limón, azúcar y sal

- **sidra**: bebida fermentada que se obtiene de las manzanas
- **aguardiente**: bebida alcohólica obtenida por destilación de algunas frutas
- **coñac**: brandy producido exclusivamente en Francia
- **brandy**: coñac no fabricado en Francia
- **ron**: bebida obtenida por fermentación de la caña de azúcar
- **tequila**: bebida fabricada en Jalisco, México, destilada del maguey azul
- **mezcal**: bebida destilada del maguey, no fabricada en Jalisco
- **güisqui**: (*whisky*) licor alcohólico que se destila del grano de algunas plantas
- **cerveza**: bebida alcohólica hecha con granos fermentados

4) Pregunta a tus compañeros

1) ¿Te gusta beber? ¿Cuál es tu bebida preferida?

1. A ____________ sí le gusta beber, y su bebida preferida es ____________.
2. A ____________ sí le gusta beber, y su bebida favorita es ____________.
3. A ____________ sí le gusta beber, y su bebida preferida es ____________.

1. ____________ **no bebe**, solamente toma ____________________.
2. ____________ **no bebe**, solamente toma ____________________.
3. ____________ **no bebe**, solamente toma ____________________.

tipos de vinos

- **blanco**: vino de mesa, para acompañar especialmente pescados y mariscos
- **rosado**: vino de mesa, especialmente para jóvenes, ideal para acompañar pastas y pizza

- **tinto**: vino de mesa de color oscuro, para acompañar especialmente carnes
- **champán** o **champaña**: vino blanco espumoso
- **seco**: vino que no tiene sabor dulce
- **generoso**: más fuerte y añejo que el vino común

2) ¿Qué tipos de vino has probado?

1. ____________ ha probado el ____________ y el ______________________.
2. ____________ ha probado el ____________ y el ______________________.
3. ____________ ha probado el ____________ y el ______________________.
4. ____________ ha probado el ____________ y el ______________________.

3) ¿Te gusta tomar vino durante la comida?, ¿qué tipo prefieres?

1. ________________ prefiere tomar ________________ en algunas ocasiones.
2. ________________ prefiere tomar ________________ en algunas ocasiones.
3. ________________ prefiere tomar ________________ en algunas ocasiones.

1. A ______________________________ no le gusta tomar vino en la comida.
2. A ______________________________ no le gusta tomar vino en la comida.
3. A ______________________________ no le gusta tomar vino en la comida.

5) Se recomienda organizar el juego de "La campana dorada" (*Golden Bell*) con el vocabulario de las lecciones 24 y 25. ¡Será divertido!

a) Se divide al grupo en equipos de 3 o 4 alumnos.

b) Se entregan hojas blancas y un marcador a cada equipo, para que escriban las respuestas.

c) En cada pregunta, deberá escribir un compañero diferente, cambiando de turno. El que escribe levanta la hoja con la respuesta.

d) El profesor dirá una pregunta con esta forma: "*¿Cómo se le llama al vino más fuerte y añejo?*"

e) El equipo deberá escribir el nombre correcto y levantarlo rápidamente. Si levanta primero el nombre, bien escrito, ganará <u>dos</u> puntos, y los equipos que levanten después pero que también estén correctos, ganarán <u>un</u> punto. El equipo que tenga más puntos, ¡ganará!

Lección **26**

Palabras nuevas y su origen

TEMA 26 Práctica de vocabulario especializado y su origen

1) Saludo a mis compañeros

¿Cómo te sientes hoy?

- Hoy me siento bien, estoy contento/a, muy feliz...
- Hoy **no** me siento bien, estoy triste... / tengo sueño...

2) La frase del día

FRASE HECHA	SIGNIFICADO
25. La panza es primero. Ej: ¿Prefieres ir a jugar futbol sin almorzar o comes primero? - ¡La panza es primero!	Es más importante comer que hacer cualquier otra cosa. 아무리 재미있는 일이라도 배가 부르고 난 뒤에 볼 일이란 뜻. (금강산도 식후경이라).

○ Todos, de pie, preguntan a varios compañeros

1: ¿Prefieres ____________ sin almorzar o comes primero?
- ¡La panza es primero! // Prefiero ____________ primero que comer.

estudiar sin almorzar	ir al cine sin almorzar
hacer la tarea sin almorzar	hacer ejercicio sin almorzar
ir a bailar sin cenar	limpiar tu habitación sin cenar

1. ____________ prefiere comer primero que ____________________________.
2. ____________ prefiere ____________________________________ que comer.

3) En equipo, busca las palabras que coinciden con las definiciones siguientes

* *No se permite usar diccionarios de ningún tipo*

a) Para este juego, como en el anterior, se usará la hoja con las definiciones que está en el anexo de material para recortar(p. 215). Por lo tanto, los alumnos NO deben ver sus libros (ya que ahí están las respuestas).

b) Se organizan los equipos de 3 o 4 estudiantes, y el profesor escoge solo a uno de cada equipo para revisar su hoja

c) El profesor prepara las palabras de respuestas en **letreros grandes que se pegarán alrededor del salón de clase** (*las palabras están al final, en el anexo de respuestas*)

d) El profesor va pidiendo por partes: de la pregunta 1 a la 5; de la 6 a la 10; de la 11 a la 15; etc. También se puede alternar el orden o pedir cierto número de aciertos

e) El equipo que complete primero cada parte, ¡ganará!

* *Al final del juego, comparar con las respuestas que están al final, en el anexo*(p. 197)

1. ____________: Paso de una parte a otra, o de una cosa a otra. || Cada uno de los estados y *diligencias* (서류 수속) que hay que recorrer en un negocio hasta su conclusión. *Viene de la palabra 'camino', del latín.*

2. ____________: Secreto, oculto, y especialmente hecho o dicho secretamente por miedo a la ley o para escapar (도망하다, 회피하다, 피하다) de la ley. *Viene del latín.*

3. ____________: Grupo de plumas que tienen algunas aves en la parte superior de la cabeza. || Adorno de plumas que sobresale en los *cascos* (투구, 모자), en el *tocado* (머리 장식) de las mujeres, en la cabeza de los caballos arreglados para fiestas y otras celebraciones. *Viene del italiano.*

4. ____________: Regalo que se da en Navidad o en la fiesta de la Epifanía (Día de los Reyes Magos). || Un tipo de flor. *Viene del latín.*

5. ____________: Adjetivo superlativo de negro. Muy negro. *Viene del latín.*

6. ____________: Examen *anatómico* (해부학의) de un cadáver. *Viene del griego.*

7. ____________: *Dádiva* (선물) con que se soborna (매수하다). || Soborno (매수, 뇌물). || Gratificación o dádiva que se da a quien facilita un negocio. *De origen incierto.*

8. ____________: Palabra que se usa para señalar a alguien que no sabemos su nombre o que no se quiere mencionar. || Persona indeterminada o imaginaria. || Cuando se refiere a una persona determinada, significa un tono despectivo. *Viene del árabe.*

9. ____________: Hacer que algo se ponga *más compacto* (빽빽하게 한, 치밀한, 밀집한) o *espeso* (밀도있는). *De origen incierto.*

10. ____________: Flujo de sangre por *rotura* (파손) de vasos sanguíneos. *Viene del griego.*

11. ____________: Defecto de la vista, que consiste en no percibir (인지하다, 수신하다) determinados colores o en *confundir* (혼동하다) algunos de los colores que se perciben. *Viene del apellido Dalton.*

12. ____________: En la mitología era el alimento de los dioses. Comida,

manjar o bebida de gusto suave o delicado. *Viene del griego.*

13. ____________: Natural de Jerusalén. || Gentilicio de los habitantes de esta ciudad, capital de Israel. *Viene del latín.*

14. ____________: Fibra muy resistente y flexible. || Un tipo de palmeras que da este tipo de fibra. *Viene de Madagascar.*

15. ____________: Genealogía (혈통, 족보) de un animal. || Documento en que consta esa genealogía. || En el caso de perros, gatos y caballos, las asociaciones de criadores dan este documento reconocido internacionalmente en el que está la genealogía del animal hasta la tercera generación y los premios, si los hubiera, de cada uno de sus antepasados. *Viene del inglés.*

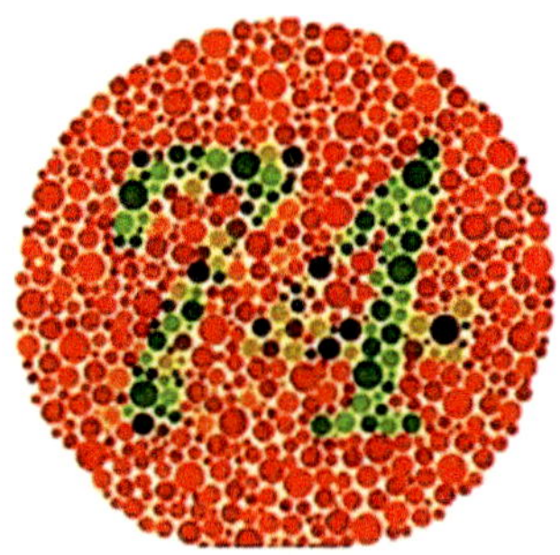

Canciones

1. Si tú te vas

Canta: Perfiles

Si tú te vas
nada me quedará
todo mi mundo se derrumba
sola me quedaré
y sin saber qué hacer
sola viviendo del pasado.

Tú me elevas hasta el sol
tú me guías hacia el porvenir
por ti soy lo que yo soy
por tu amor.

Si tú te vas
¿qué voy a hacer?,
sin tu amor yo no soy nada.

Si tú te vas
¿qué voy a hacer?,
sin ti.

Si tú te vas
mi vida cambiará
me quedaré sin alegría
yo que ahora soy feliz
no volveré a reír
sin ti ya nada
vale nada.

Tú me llenas de ilusión
tú me llegas
hasta el corazón
por ti soy lo que yo soy
por tu amor.

Si tú te vas
¿qué voy a hacer?,
sin ti,
sin tu amor,
sin ti.

2. Más que amor

Canta: OV7

Oh uh oh uh oh
Es más que amor.

Desde tus ojos veo mi alrededor
que gira y cambia en otra dirección,
he descubierto que tú eres el motor
el ruido de mi corazón.

En tus ojos veo
el fuego de mi amor,
me transportas a otra dimensión,
quiero imaginar
que siempre será como hoy.

Oh uh oh uh oh
(*más más, es más que amor*)
Veo tu mirada,
me traiciona el interior

Oh uh oh uh oh
(*más más, es más que amor*)
Pierdo toda la razón.

Las cosas en mi vida
fluyen mejor
desde que llegaste
habido una evolución,
déjame ser
el dueño de tu pasión
hacer ruido en tu corazón.

En tus ojos veo
el fuego de mi amor
y tus labios son mi obsesión,
quiero imaginar
que siempre será como hoy.

Tu presencia
ha transformado el dolor
de mi alma y mi corazón,
quiero imaginar
que siempre será como hoy.

3. Qué lástima

Canta: Alejandro Fernández

De un tiempo acá, no todo va muy bien
ya empiezan a faltarnos las palabras;
nos falta que nos demos más amor,
caricias con pasión, miradas largas.

De un tiempo acá, no todo va muy bien,
no creas que quiero hacer triste esta charla,
solo quiero evitar ser yo después
quien tenga que decir… ¡qué lástima!

¡Qué lástima!, se nos murió el amor
solo queda el dolor del alma.

¡Qué lástima!, ya nada puedo hacer
y hoy tengo que entender
que pude haber hecho más,
y hoy no nos queda más. ¡Qué lástima!

No todo va como quieres, lo sé;
perdóname que insista con lo mismo,
pero es que entre tú y yo hay un abismo,
creo que tu amor y el mío no se llevan bien.

De un tiempo acá no todo va muy bien,
no creas que quiero hacer triste esta charla,
solo quiero evitar ser yo después
quien tenga que decir... ¡qué lástima!

4. Quiero volver a empezar

Canta: Yuri

Háganse,
que a toda fuerza yo vengo;
mírenme, no me venció el sufrimiento

Vengo dispuesta a luchar,
nada me puede parar.

¡No!

Quiero volver a empezar
libre de todo recuerdo,
quiero volver a empezar
amanecer de nuevo.

Volver a empezar.

Brillaré como una estrella en el cielo,
borraré todo el pasado y el miedo.

Recomenzar como un día nuevo,
un despertar sin llanto y sin miedo.

5. A puro dolor

Canta: Son By Four

Perdona si te estoy llamando en este momento,
pero me hacía falta escuchar de nuevo,
aunque sea un instante tu respiración.

Disculpa, sé que estoy violando
nuestro juramento,
sé que estás con alguien, que no es el momento,
pero hay algo urgente que decirte hoy.

Estoy muriendo, muriendo por verte.
Agonizando, muy lento y muy fuerte.

Vida, devuélveme mis fantasías,
mis ganas de vivir la vida
devuélveme el aire.

Cariño mío, sin ti yo me siento vacío,
las tardes son un laberinto
y las noches me saben
a puro dolor.

Quisiera decirte que hoy estoy de maravilla,
que no me ha afectado lo de tu partida,
pero con un dedo no se tapa el sol.

6. No quiero verla más

Canta: Estopa

Lere, lere, lelei, lere lelei. ¡Desaparece de mi mente!
No sé qué extraña sensación de tristeza,
que me inunda toda la cabeza,
que viene, se va, que me coge y me deja...

No quiero verla más, que no, que no, que no.
Cómo pudiera mantener la entereza,
poder sacar fuerzas de flaqueza
leré, leré, que es mi naturaleza.

No quiero verla en ningún lugar,
sacarla de mi imaginación, porque no me deja reaccionar.
Te estoy hablando, pon una miguita de tu atención, { **miguita**: poquito }
que ya no puedo quererte.
Quiero decirte al oído: "desaparece de mi mente".

Otra copita pon, que yo te pongo mi corazón { **pon**: poner }
que siempre late muy fuerte.

Vivo atado a una idea que me da vueltas,
va girando como una cuerda,
la quiero olvidar pero nunca me suelta.

Voy a verla pero me quedo en la puerta,
se me aprietan todas las tuercas, { **tuerca**: 너트 }
me escondo detrás pero siempre me encuentra.

7. Me dediqué a perderte

Canta: Alejandro Fernández

¿Por qué no te besé en el alma cuando aún podía?
¿Por qué no te abracé la vida cuando la tenía?
Y yo que no me daba cuenta cuánto te dolía
Y yo que no sabía el daño que me hacía.

¿Cómo es que nunca me fijé que ya no sonreías?
Y que antes de apagar la luz ya nada me decías,
que aquel amor se te escapó, que había llegado el día
que ya no me sentías, que ya ni te dolía.

Me dediqué a perderte
Y me ausenté en momentos que se han ido para siempre,
me dediqué a no verte
y me encerré en mi mundo y no pudiste detenerme.

Y me alejé mil veces,
y cuando regresé te había perdido para siempre,
y quise detenerte y entonces descubrí que ya mirabas diferente.
Me dediqué a perderte, me dediqué a perderte.

¿Por qué no te llené de mí cuando aún había tiempo?
¿Por qué no pude comprender lo que hasta ahora entiendo?,
que fuiste todo para mí y que yo estaba ciego
Te dejé para luego, este maldito ego.

8. La maza

Canta: Silvio Rodríguez

Si no creyera en la locura
de la garganta del sinsonte,
si no creyera que en el monte,
se esconde el trino y la pavura.

Si no creyera en la balanza,
en la razón del equilibrio,
si no creyera en el delirio,
si no creyera en la esperanza.

si no creyera en lo que agencio,
si no creyera en mi camino,
si no creyera en mi sonido,
si no creyera en mi silencio.

¿Qué cosa fuera?
¿Qué cosa fuera la maza sin cantera?

Un amasijo hecho de cuerdas y tendones,
un revoltijo de carne con maderas,
un instrumento sin mejores resplandores
que lucecitas montadas para escena.

¿Qué cosa fuera, corazón, qué cosa fuera?
¿Qué cosa fuera la maza sin cantera?

Un testaferro del traidor de los aplausos,
un servidor de pasado en copa nueva,
un eternizador de dioses del ocaso,
júbilo hervido con trapo y lentejuela.

Si no creyera en lo más duro,
si no creyera en el deseo,
si no creyera en lo que creo,
si no creyera en algo puro.

Si no creyera en cada herida,
si no creyera en la que ronde,
si no creyera en lo que esconde
hacerse hermano de la vida.

Si no creyera en quien me escucha,
si no creyera en lo que duele,
si no creyera en lo que quede,
si no creyera en los que luchan.

¿Qué cosa fuera?

9. Canción: La pared

Canta: Shakira

Eres como una predicción de las buenas,
eres como una dosis alta en las venas,
y el deseo gira en espiral,
porque mi amor por ti es total,
y es para siempre.

Después de ti, la pared;
no me faltes nunca,
debajo del asfalto
y más abajo estaría yo.

Después de ti la pared,
no me faltes nunca,
debajo del asfalto
y más abajo estaría yo,
sin ti.

Eres la enfermedad y el enfermero,
ya me has convertido en tu perro faldero,
sabes que sin ti ya yo no soy,
sabes que adonde vayas voy, naturalmente.

10. Usted no sabe

Canta: Alexandre Pires

Usted se me llevó la vida y el alma entera
y se ha clavado aquí en mis huesos el dolor con esta angustia
y esta pena. Usted, no sabe qué se siente perder,
no sabe qué se siente caer y caer en un abismo profundo y sin fe.

Usted se me llevó la vida, aquí me tiene,
como una roca que el océano golpea, que ahí está, pero no siente.
Usted, no sabe lo importante que fue,
no sabe que su ausencia fue un trago de hiel,
que se ha quedado clavada en mi piel.

Usted no sabe lo que es el amor
y el miedo que causa la desolación,
usted no sabe qué daño causó
cómo ha destrozado a este corazón
que tan solo palpitaba con el sonido de su voz.

Usted se me llevó la vida, todas mis ganas
y me ha dejado congelada la razón y viva la desesperanza;
usted, no sabe qué se siente perder,
no sabe que su adiós fue morirme de sed,
que desgarró en este cuerpo su ser.

Usted no sabe de verdad cómo se ama,
usted no sabe cómo he sufrido yo,
usted es fría y su maldad me hiela el alma,
usted llenó mi vida toda de dolor.

11. Do-re-mi

Canta: Tatiana

Estamos en el principio listos para comenzar,
cuando aprendes a leer dices ABC
y al cantar ha de ser con do-re-mi, do-re-mi,
las tres primeras notas serán.

Do-re-mi, do-re-mi, do-re-mi-fa-sol-la-si.
¿Cómo será más fácil? ¡Ah, ya sé! ¡Cantando!

Do, un don, un gran señor.
Re, un rey muy cantador.
Mi, mi amor es para ti.
Fa, es fácil recordar.
Sol, que brilla y da calor.
La, si cantas la, la, la.
Si, es una afirmación.
y volvamos con el DO.

Si se aprenden las siete notas musicales
entonces podrán cantar cualquier melodía.

Sol-do-la-fa, mi-do-re
¡Conmigo! (sol-do-la-si, do-re-do)
Sol-do-la-fa, mi-do-re, sol-do-la-si, do-re-do

Estas notas retendrás y podrás cantar así,
estas notas te sabrás, todo lo podrás cantar.

12. Tu libertad

Canta: Magneto

Recordar días sin luz de tu miseria,
mi país se olvidó por un tiempo quién eras.

Cuando cantas, yo canto por tu libertad,
cuando lloras, también lloro tu pena,
cuando tiemblas, yo rezo por tu libertad,
en la dicha o el llanto,
yo te amo.

Recordar días sin luz de tu miseria,
mi país se olvidó por un tiempo quién eras.

Cuando cantas, yo canto por tu libertad,
cuando lloras, también lloro tu pena,
cuando tiemblas, yo rezo por tu libertad,
cuando tu estás ausente, yo espero.

Eres tú mi canción o quizá mi corazón,
una aldea que sueña y que espera,
creo yo que eres tú la única verdad,
la nobleza de nuestra humanidad.

13. La Bikina

Canta: Luis Miguel

Solitaria camina la Bikina,
la gente se pone a murmurar;
dicen que tiene una pena,
dicen que tiene una pena que la hace llorar.

Altanera preciosa y orgullosa
no permite [que] la quieran consolar,
pasa luciendo su real majestad,
pasa, camina, nos mira sin vernos jamás.

La Bikina tiene pena y dolor,
la Bikina no conoce el amor.

Altanera preciosa y orgullosa
no permite [que] la quieran consolar,
dicen que alguien ya vino y se fue,
dicen que pasa las noches llorando por él.

¡Mi mariachi!

La Bikina tiene pena y dolor,
la Bikina no conoce el amor.

Altanera preciosa y orgullosa
no permite [que] la quieran consolar,
dicen que alguien ya vino y se fue,
dicen que pasa las noches llorando por él.

14. El universo sobre mí

Canta: Amaral

Solo queda una vela
encendida en medio de la **tarta**
y se quiere consumir.
Ya se van los invitados,
tú y yo nos miramos
sin saber bien qué decir.

Nada que descubra lo que siento,
que este día fue perfecto,
que parezco tan feliz.
Nada, como que hace
mucho tiempo que me cuesta sonreír.

Quiero vivir, quiero gritar,
quiero sentir el universo sobre mí,
quiero correr en libertad,
quiero encontrar mi sitio.

Una broma del destino,
una melodía acelerada,
en una canción que nunca acaba.

Ya he tenido suficiente,
necesito a alguien que comprenda
que estoy sola en medio de
un montón de gente, ¿qué puedo hacer?

Quiero vivir, quiero gritar,
quiero sentir
el universo sobre mí,
quiero correr en libertad,
quiero llorar de felicidad.

Quiero vivir, quiero sentir
el universo sobre mí,
como un náufrago en el mar,
quiero encontrar mi sitio,
solo encontrar mi sitio.

Todos los juguetes rotos,
todos los amantes locos,
todos los zapatos de charol,
todas las casitas de muñecas,
donde celebraba fiestas,
donde solo estaba yo.

Vuelve el espíritu olvidado
del verano del amor.

Solo queda una vela
encendida en medio de la **tarta**
y se quiere consumir.

{ **tarta**: pastel }

15. Canciones de Navidad

Villancicos populares

• Navidad, Navidad, hoy es Navidad
es un día de alegría y felicidad.
Navidad, Navidad, dulce Navidad
es un día de alegría y felicidad.
Campana navideña de dulce y claro son
tu canto jubiloso alegra el corazón,
anuncias con tus voces sonidos de cristal,
¡alégrense las almas, llegó la Navidad!

• *Frosty* se llama un amigo singular
pues de nieve está formado
siempre viene en Navidad.
Frosty se llama y su mano quiere dar
no me importa si es helado,
yo lo quiero saludar.

• Era Rodolfo un reno que tenía la nariz
roja como la grana y de un brillo singular,
todos sus compañeros se reían sin cesar
y nuestro buen amigo no dejaba de llorar.
Pero Navidad llegó, Santa Claus bajó
y a Rodolfo eligió por su singular nariz,
tirando del trineo fue Rodolfo sensación
y desde aquel momento toda burla se acabó.

- El camino que lleva a Belén, baja hasta el valle
  que la nieve cubrió, los pastorcillos quieren ver a su Rey,
  le traen regalos en su humilde zurrón (ropo pompom).
  Ha nacido en un portal de Belén, el Niño Dios.

- Esta noche es Nochebuena (la la la, la la la)
  vamos todos jubilosos, a adorar al Rey del mundo.

- La primera Navidad los pastores dormían,
  cuando un ángel llegó y la venida anunció.
  Y en esa noche ventura una estrella brilló,
  la más bella del cielo el camino mostró.
  Siguieron aquella luz y en Belén se paró,
  y pudieron pasar la primera Navidad.

- Noche de paz, noche de amor,
  todo duerme en derredor,
  entre los astros que esparcen su luz,
  viene anunciando al Niñito Jesús.
  Brilla la estrella de paz, brilla la estrella de amor,
  hoy ha nacido el Niñito Jesús,
  en el pesebre del mundo a la luz,
  astro de eterno fulgor, brilla la estrella de amor.

- Oh, blanca Navidad, sueño, y con la nieve alrededor,
  blanca es mi quimera, es mensajera de paz y de mucho amor.
  Oh, blanca Navidad, eres una sublime inspiración,
  para el mundo tú eres paz, alegría, amor y bendición.

- Felicidad me trae la nieve porque al caer
  con manto blanco viste de novia mi Navidad.
  Abrigadita en mi trineo salgo a pasear,
  el golpecito del aire corriendo acaricia feliz.

Anexo[1]
Respuestas

Lección 2. Ejercicio 5. Veamos las respuestas

1. conozco
2. conocemos
3. saben
4. sabes
5. conoce
6. sabe
7. conocen
8. saben
9. conocemos
10. sé / sé
11. saben
12. conoces
13. conoces
14. conoce / sabe
15. sabemos

Lección 3. Ejercicio 3. Veamos las respuestas

1. tocaba
2. salía
3. iba
4. odiaba
5. iba
6. subía
7. escuchaba
8. gustaba
9. comía
10. leía

Lección 3. Ejercicio 4. Veamos las respuestas

1. estoy jugando
2. estoy haciendo
3. estoy yendo
4. estoy leyendo
5. estoy aprendiendo
6. leo
7. escucho
8. duermo
9. preparo
10. visito

Lección 6. Ejercicio 5. Listado de vocabulario para buscar imágenes

chamarra / chaqueta
pantalón bermudas
traje sastre (DAMA)
gabardina
abrigo
visera
gorra / cachucha
gorro
sombrero
esmoquin (CABALLERO)
traje (CABALLERO)
bufanda
corbata (CABALLERO)
moño de corbata (CAB.)
mantilla (DAMA)
chándal / buzo
overol / mono
chaleco
camiseta
traje de noche (DAMA)
vestido de coctel (DAMA)
cinturón
calcetines / medias
zapatos mocasines
    de charol
    con cintas
    de tacón alto (DAMA)

frac (CABALLERO)	mallones (DAMA)	sandalias
chaqué (CABALLERO)	blusa (DAMA)	botas

Lección 7. Ejercicio 3. Veamos las respuestas

1. cuento
2. cuento
3. cuento
4. leyenda
   (porque las dos estrellas existen)
5. cuento
6. cuento
7. mito
   (porque explica la fundación de Corea)
8. cuento
9. leyenda (porque existió el rey Arturo)
10. cuento
11. mito
    (porque explica el origen del amor)
12. cuento
13. cuento
14. cuento
15. cuento

Lección 11. Ejercicio 3. Veamos las respuestas

1. carreras, salto de altura, salto con garrocha, lanzamiento de jabalina || atleta
2. beisbolista
3. cancha || basquetbolista
4. gimnasio || cuadrilátero
5. futbolista || cancha
6. canotaje || remero/a
7. velódromo || ciclista
8. halterofilia || gimnasio || pesista
9. piscina || clavadista
10. piscina || nadador/a
11. patinador/a
12. tenista
13. mesa
14. nieve || agua || esquiador/a
15. pista || tirador/a
16. tiro con arco
17. gimnasio
18. esgrima || esgrimista
19. deporte hípico, práctica ecuestre || jinete
20. gimnasio
21. voleibolista
22. gimnasio || fisiculturista
23. buceo || mar || buzo
24. gimnasio || kendoka
25. cinegética

Lección 13. Ejercicio 3. Las respuestas para imprimir con letras grandes

1. verbena
2. paria
3. caqui
4. rúbrica
5. cinegética
6. bicoca
7. esparadrapo
8. frugal
9. nauseabundo
10. bate
11. hincarse
12. ventaja
13. zaguero
14. anorexia
15. edredón
16. dromedario
17. plagio
18. sirena
19. geriatra
20. conscripto

Lección 15. Ejercicio 3. Veamos las respuestas

CASO 1.

1. estaban trabajando
2. dijo || caminaban
3. dijo || esperaba

CASO 2.

1. dijo || se había firmado
2. dijo || había ganado
3. dijo || había habido || había sido

CASO 3.

1. dijo || se reuniría
2. dijo || importaría
3. dijo || abrirían

Lección 15. Ejercicio 5. Veamos las respuestas

1. dijo || había - CASO (1)
2. dijo || había bebido - CASO (2)
3. dijo || iba a dormir - CASO (1)
4. dijo || habría - CASO (3)
5. dijo || había estudiado - CASO (2)
6. dijeron || descansarían - CASO (3)
7. dijo || había ido || su - CASO (2)
8. dijo || prefería || su - CASO (1)
9. dijo || daría - CASO (3)
10. dijo || había terminado || sus - CASO (2)

➡ Lección 18. Ejercicio 3. Veamos las respuestas

CASO 1.

1. dijo || pasaba
2. Los || dijeron || era
3. El || les dijo || debían estar

CASO 2.

1. dijo || sus || habían enviado
2. dijo || había terminado || había transmitido
3. dijo || le || había gustado

CASO 3.

1. le || dijo || encontraría || ella
2. Las || dijeron || llegaría
3. La || dijo || sería

CASOS 1, 2 y 3.

1. dijo || había pasado - CASO (2)
2. El || dijo || suspendería || los || rescataría - CASO (3)
3. dijo || había podido || su || tenía - CASOS (2 y 1)

➡ Lección 20. Ejercicio 5. Veamos las respuestas

1. vengas
2. preguntes || gracias
3. cuides || gracias
4. cambies
5. te || vayas

➡ Lección 21. Ejercicio 4. Veamos las respuestas

1. Dime tu nombre, por favor. || Por favor, dime tu nombre, ¿si? || ¿Me dices tu nombre, por favor?
2. Dime qué hora es, por favor. || Por favor, dime qué hora es, ¿si? || ¿Me dices qué hora es, por favor?

3. Dame más *kimchi*, por favor. || Por favor, dame más *kimchi*, ¿si? || ¿Me das más *kimchi*, por favor?
4. Dame tu tarea, por favor. || Por favor, dame tu tarea, ¿si? || ¿Me das tu tarea, por favor?

➡ Lección 21. Ejercicio 6. Veamos las respuestas

1. abrieran
2. a Pedro || pasara || ella
3. les || arreglaran
4. le || mamá || le diera
5. le || tomara || su

➡ Lección 26. Ejercicio 3. Las respuestas para imprimir con letras grandes

1. trámite
2. clandestino
3. penacho
4. aguinaldo
5. nigérrimo
6. autopsia
7. coima
8. fulano
9. apelmazar
10. hemorragia
11. daltonismo
12. ambrosía
13. jerosolimitano
14. rafia
15. pedigrí

Anexo 2
Material Para recortar

Lección 6. Guía "Desfile de modas"

Nombre del alumno: ____________

"Desfile de modas" del diseñador: ____

LOCUTOR: Muy buenos días señoras y señores. Tenemos el gusto de presentarles a ustedes la colección de ropa para *otoño e invierno*, del famoso diseñador

____

1. En primer lugar, tenemos este modelo ______________________________

____

2. Enseguida, les presentamos otro modelo____________________________

____

3. Llega ahora este modelo directamente desde París ____________________

____

4. Para cerrar nuestra colección, les ofrecemos este modelo _______________

____

LOCUTOR: Muchas gracias por su atención y los modelos están disponibles en Internet y mediante el pago con su tarjeta de crédito, se los enviaremos directamente hasta su casa. ¡Que pasen muy buenos días!

____

Lección 13. Palabras nuevas

Nombre del alumno: ____________

1. ______________________: Fiesta popular con baile que se celebra por la noche, al aire libre, en la calle o en alguna plaza .

2. ______________________: Persona que queda fuera de las ventajas (유리한 점) que gozan las demás, por ser considerada una persona inferior. || En la India, persona de la más baja condición social que queda fuera del sistema de las castas.

3. ______________________: Tela resistente (질긴, 강한), su color varía desde el amarillo ocre al verde gris, se usa principalmente para uniformes militares. || También es el nombre de una fruta.

4. ______________________: Firma (싸인) personalizada que a veces va sola, pero que generalmente se acompaña de otros trazos (선) o líneas.

5. ______________________: Arte de la caza.

6. ______________________: Cosa de poca estima y de poco valor. || También significa ganga, es decir, algo que se compra con poco dinero.

7. ______________________: Tira (긴 조각) de tela o de papel, con una cara cubierta de un capa de sustancia adherente (접착력 있는). Se usa para sujetar los vendajes (붕대).

8. ______________________: Adjetivo que significa que come y bebe poco. || Se dice de una cosa con esas cualidades. Vida ~, almuerzo ~.

9. ______________________: Algo que causa o produce náuseas (구토).

10. ____________________: En el béisbol y en otros juegos, palo más grueso por el extremo libre que por la empuñadura, con el que se golpea la pelota.

11. ____________________: Postura de una persona cuando está sobre el suelo con las rodillas flexionadas.

12. ____________________: Superioridad de alguien o algo respecto de otra persona o cosa. || Excelencia o condición favorable que tiene alguien o algo.

13. ____________________: Que va, se queda o está atrás. || Defensa. || Jugador que forma la línea defensiva en un partido de futbol.

14. ____________________: Síndrome de rechazo a la alimentación por un estado mental de miedo a engordar, que puede tener graves consecuencias en la salud.

15. ____________________: Cobertor (이불) relleno (...로 가득 찬) con plumas (깃털) de pato o relleno con otros materiales.

16. ____________________: Camello corredor que tiene una sola giba o joroba.

17. ____________________: Acción de copiar o apropiarse de una obra o alguna creación intelectual ajena para presentarla como propia.

18. ____________________: Ninfa marina con cola de pez y busto de mujer.

19. ____________________: Médico especialista en curar y atender ancianos.

20. ____________________: Joven que está haciendo su servicio militar.

Lección 15. El estilo indirecto, 3 CASOS

Nombre del alumno: ____________

Estilo directo	Estilo indirecto
CASO - 1.	
Ana: "Mi noticia **dice** que la economía mundial **está** en problemas."	Ana **dijo** que la economía mundial **estaba** en problemas.
PRESENTE ——→	PRET. IMPERFECTO (~aba, ~ía, iba, era)

Estilo directo	Estilo indirecto
CASO - 2.	
Juan: "Mi noticia **dice** que el dólar **subió** en todo el mundo."	Juan dijo que el dólar **había subido** en todo el mundo.
PRETÉRITO SIMPLE ——→	PLUSCUAMPERFECTO (había ~ado, ~ido)

Estilo directo	Estilo indirecto
CASO - 3.	
Karla: "Mi noticia **dice** que el dólar **subirá** más en todo el mundo."	Karla **dijo** que el dólar **subiría** más en todo el mundo.
FUTURO ——→	CONDICIONAL SIMPLE (~ría)

Lección 21. Para pedir y ordenar CASO 4.

Estilo directo	Estilo indirecto
CASO - 4.	
Juan: "*Ana*, **recoge** los libros."	Juan ***le*** dijo ***a Ana*** que **recogiera** los libros.
MODO IMPERATIVO ——→	PRETÉRITO de SUBJUNTIVO (~ara, ~era)

Lección 17. Guía "Las buenas noticias"

Nombre del alumno: ___________

Nombre del noticiario:

1. ¡Buenos días estimados televidentes! Comenzamos con una muy buena noticia sobre

2. Seguimos ahora, con una buena noticia acerca de

3. Tenemos ahora una excelente noticia referente a

4. Finalmente, una magnífica noticia sobre

¡Muchas gracias y les deseamos que tengan un día fantástico y lleno de alegría!

Lección 17. Guía "Síntesis informativa"

Nombre del alumno: ____________

SÍNTESIS INFORMATIVA

* Registrar solo 10 noticias, las que tú prefieras (pero no deben ser las de tu equipo)

EJEMPLO: Mi compañero Juan habló *del* partido de futbol que Corea ganó a España.

... *de la* semana cultural de Londres.

... *de los* nuevos modelos de autos eléctricos.

compañero/a TEMA

1. ____________ habló de ______________________________
2. ____________ habló de ______________________________
3. ____________ habló de ______________________________
4. ____________ habló de ______________________________
5. ____________ habló de ______________________________
6. ____________ habló de ______________________________
7. ____________ habló de ______________________________
8. ____________ habló de ______________________________
9. ____________ habló de ______________________________
10. ____________ habló de ______________________________

* *Al terminar el ejercicio del noticiario, entregar esta hoja al profesor para su corrección.*

* *Una vez marcados los errores de redacción, se devuelve a los alumnos para que registren la síntesis completa y correcta en este mismo formulario que está en su libro dentro de la* Lección 17, p. 113.

Lección 18. El estilo indirecto

Nombre del alumno: ____________

Estilo directo	Estilo indirecto
CASO - 1.	
Pirata: "¿De ***dónde*** **vienen** ustedes?"	El pirata les preguntó que de ***dónde*** **venían** ellos.
PRESENTE ⟶	PRET. IMPERFECTO (~aba, ~ía, iba, era)

Estilo directo	Estilo indirecto
CASO - 2.	
Hombre: "Yo no **maté** al capitán."	El hombre dijo que él no **había matado** al capitán.
PRETÉRITO SIMPLE ⟶	PLUSCUAMPERFECTO (había ~ado, ~ido)

Estilo directo	Estilo indirecto
CASO - 3.	
Pirata: "Los **llevaré** a Egipto."	El pirata **les** dijo *que* los **llevaría** a Egipto.
FUTURO ⟶	CONDICIONAL SIMPLE (~ría)

CON PRONOMBRES RELATIVOS

- **¿Dónde *está* tu casa?**

Me preguntó *que* **dónde *estaba*** mi casa.

- PRESENTE
está ⟶ estaba
CASO (1)

SIN PRONOMBRES RELATIVOS

- ***Tienes*** perro en tu casa?

Me preguntó que **si *tenía*** perro en mi casa..

- PRESENTE
tienes ⟶ tenía
CASO (1)

Lección 19. Práctica de audición

Nombre del alumno: ____________

"El tiempo libre"

∗ Registrar solo a 10 compañeros, los que tú prefieras

EJEMPLO[1]: Ana dijo que, en su tiempo libre, descansaba en su casa **e** iba al cine.

EJEMPLO[2]: Juan dijo que, en su tiempo libre, jugaba al futbol y salía a beber con sus amigos.

compañero/a *2 cosas que hacía en su tiempo libre*

1. ____________________ dijo que, en su tiempo libre, ____________________

y ____

2. ____________________ dijo que, en su tiempo libre, ____________________

y ____

3. ____________________ dijo que, en su tiempo libre, ____________________

y ____

4. ____________________ dijo que, en su tiempo libre, ____________________

y ____

5. ____________________ dijo que, en su tiempo libre, ____________________

y ____

6. ____________________ dijo que, en su tiempo libre, ______________________

y ____

7. ____________________ dijo que, en su tiempo libre, ______________________

y ____

8. ____________________ dijo que, en su tiempo libre, ______________________

y ____

9. ____________________ dijo que, en su tiempo libre, ______________________

y ____

10. ____________________ dijo que, en su tiempo libre, ______________________

y ____

∗ *Al terminar las exposiciones, entregar esta hoja al profesor para su corrección.*

∗ *Una vez marcados los errores de redacción, se devuelve a los alumnos para que registren la práctica correcta en este mismo formulario que está en su libro dentro de la* Lección 19, (p. 123).

Lección 23. **Paquete de viaje**

Nombre del alumno: ____________

* *Preparar un paquete de viaje, como si fueran una* ***agencia de viajes***

a) Equipo de 3 o 4 compañeros

b) Utilizar imágenes para presentarlo atractivamente ante el grupo

c) Todos los compañeros del equipo deben hablar un poco durante la presentación

"Planes a futuro"

AGENCIA DE VIAJES: "____"

¡Tenemos el mejor paquete para viajar en sus vacaciones!

a) Les presentamos este paquete de promoción a ______________________
LUGAR

b) Dura ____________ días / semanas.

c) Cuesta solamente ____________ dólares.

d) Incluye ____________, ____________ y ______________________________

e) Pasearemos por ____

____

____

f) Es muy buena opción porque nuestra agencia le ofrece, además ______

____

____

Lección 26 Palabras nuevas y su origen

Nombre del alumno: ____________

1. ________________: Paso de una parte a otra, o de una cosa a otra. || Cada uno de los estados y diligencias (서류 수속) que hay que recorrer en un negocio hasta su conclusión.

2. ________________: Secreto, oculto, y especialmente hecho o dicho secretamente por miedo a la ley o para escapar (도망하다, 회피하다, 피하다) de la ley.

3. ________________: Grupo de plumas que tienen algunas aves en la parte superior de la cabeza. || Adorno de plumas que sobresale en los *cascos* (투구, 모자), en el *tocado* (머리 장식) de las mujeres, en la cabeza de los caballos arreglados para fiestas y otras celebraciones.

4. ________________: Regalo que se da en Navidad o en la fiesta de la Epifanía (Día de los Reyes Magos). || Un tipo de flor.

5. ________________: Adjetivo superlativo de negro. Muy negro.

6. ________________: Examen *anatómico* (해부학의) de un cadáver.

7. ________________: *Dádiva* (선물) con que se soborna (매수하다). || *Soborno* (매수, 뇌물). || Gratificación o dádiva que se da a quien facilita un negocio.

8. ________________: Palabra que se usa para señalar a alguien que no sabemos su nombre o que no se quiere mencionar. || Persona indeterminada o imaginaria. || Cuando se refiere a una persona determinada, significa un tono despectivo.

9. ________________: Hacer que algo se ponga *más compacto* (빡빡하게 한, 치밀한, 밀집한) o espeso (밀도있는).

10. ________________: Flujo de sangre por *rotura* (파손) de vasos sanguíneos.

11. ________________: Defecto de la vista, que consiste en no percibir (인지하다, 수신하다) determinados colores o en *confundir* (혼동하다) algunos de los colores que se perciben.

12. ________________: En la mitología era el alimento de los dioses. Comida, manjar o bebida de gusto suave o delicado.

13. ________________: Natural de Jerusalén. || Gentilicio de los habitantes de esta ciudad, capital de Israel.

14. ________________: Fibra muy resistente y flexible. || Un tipo de palmeras que da este tipo de fibra.

15. ________________: Genealogía (혈통, 족보) de un animal. || Documento en que consta esa genealogía. || En el caso de perros, gatos y caballos, las asociaciones de criadores dan este documento reconocido internacionalmente en el que está la genealogía del animal hasta la tercera generación y los premios, si los hubiera, de cada uno de sus antepasados.

저자소개

끌라우디아 마시아스 Claudia Macías

멕시코 국립대학원대학교(El Colegio de México) 문학박사
서울대학교 서어서문학과

윤봉서 Yoon, Bong-Seo

멕시코 국립자치대학교(Universidad Nacional Autónoma de México) 문학박사
서울대학교 서어서문학과